学校转型

——数字化评价与管理探索

李百平 沈传标 编著

清華大学出版社
北京

内 容 简 介

本书内容包含学校数字化转型中涉及的数字化应用场景、评价体系、管理制度、资源库建设、审批流程、具体案例等，具有较强的实践性。在教育数字化转型浪潮中，希望本书能够为学校提供一定的借鉴价值。

本书适用于基础教育阶段的学校管理者和一线教师阅读。

图书在版编目（CIP）数据

学校转型 : 数字化评价与管理探索 / 李百平，沈传标编著 .
北京 : 清华大学出版社，2024. 11. -- ISBN 978-7-302-67610-2

Ⅰ. G47-39

中国国家版本馆 CIP 数据核字第 2024VX7936 号

责任编辑： 王剑乔
封面设计： 李百平
责任校对： 刘　静
责任印制： 宋　林

出版发行： 清华大学出版社
网　　址： https://www.tup.com.cn，https://www.wqxuetang.com
地　　址： 北京清华大学学研大厦A座　　**邮　　编：** 100084
社 总 机： 010-83470000　　**邮　　购：** 010-62786544
投稿与读者服务： 010-62776969，c-service@tup.tsinghua.edu.cn
质量反馈： 010-62772015，zhiliang@tup.tsinghua.edu.cn
印 装 者： 天津鑫丰华印务有限公司
经　　销： 全国新华书店
开　　本： 170mm × 240mm　　**开　　本：** 18.5　　**字　　数：** 240千字
版　　次： 2024年11月第1版　　**开　　本：** 2024年11月第1次印刷
定　　价： 59.00元

产品编号：107998-01

序

伴随以大数据、人工智能为核心驱动力的数智时代的来临，数字经济正在引领新一轮科技革命和产业变革，而数字化转型正成为推动产业结构调整及发展的新动力。在转型过程中，数据要素已经成为除土地、劳动力、资本、技术之外的第五大生产要素。在教育领域，如何激发数据要素的潜力，发掘其使用价值是提升教育质量、构建高质量教育体系、办好人民满意的教育的重要课题。学校作为教育数字化转型实践的主阵地，在经历了以“三通两平台”“三全两高一大”为核心的信息化建设与应用阶段后，在转型实践探索过程中面临着如何从全要素、全过程、全方位的整体视角，将数据要素贯穿于技术与业务双向融合的实践挑战。

结合本人多年在教育信息化领域的实践观察，对于各级各类学校，尤其是基础教育学校，如何借鉴同行的经验，结合自身的实际，构建适合本校的数字化转型推进应用方案并付诸实践，已经成为很多学校的迫切需求。东莞市东华初级中学沈传标校长带领团队进行了近 7 年的实践探索，并将相关经验总结在《学校转型——数字化评价与管理探索》一书中，该书的出版对于中小学教育数字化转型具有重要的参考指导价值。

怀揣期待，我有幸先行拜读了本书成册前的书稿，读后深感该校在数字化转型探索过程具有三个显著特色：规划前瞻、方便适用、成效显著。

本书第一篇从教育评价场景入手，以评价为抓手推动学校教育教学、管理工作逐步深入，体现了以评价为导向的转型思路。在这一部分，编著者既从国家政策层面进行了梳理和研究，又结合现代教育测量与评价理论，从问题出发，规划设计了数据驱动的校园数字大脑体系结构，并作为学校数字化转型工作的核心引擎。在此基础上，构建了学生健康成长的九格育人评价体系，并从结果评价、过程评价、增值评价和综合评价等方面介绍了相关数据采集分析和结果运用的实践经验。

本书的第二篇和第三篇分别从学校教学、管理两个方面系统介绍了数字化实践的具体做法和经验。涉及学校校本资源建设、教学听评课、学业成绩管理、学籍管理、选排课、校园办公、学生健康安全、教师专业发展等核心业务“建、管、用”实践模式，在设计和建设过程中注重对学校业务流程的优化。例如，以学籍管理系统为基础来维护全校学生基础数据，通过按需融合关联业务系统，实现学生学籍的变更信息与校园门禁、图书管理、学生评价、校园卡、成绩管理、电子班牌、选课排课等业务系统的实时更新和自动同步，这种数据联动的方式既可以有效解决应用系统之间的数据壁垒问题，又能提高校园治理的效能；再如，通过支持线上请假业务，实现了请假事件从发起到审批等流程的优化，弥补了传统线下请假模式环节众多、存在安全隐患等不足。

本书第四篇介绍了学校数字化转型实践的研究成果。包括数字化探索过程中的课题研究、相关理论研究以及典型创新案例。这些研究成果反映出学校数字化转型需要全员不断加深对转型的认知，同时还要不断提升自身的数字素养，并将这些转变的理念深度融入教育教学和管理实践的各个环节当中，惟其如此，才能真正将学校数字化转型工作落实落细。

它山之石，可以攻玉。在以数字化开辟教育发展新赛道和塑造教育发展新优势的当下，我相信，每所学校都会有各自独到的洞察和解决方案，东华初级中学能将自己学校数字化建设、应用的实践经验进行系统总结并进行分享，这对于促进校际交流和共同进步而言，确实是一件令人欣慰的好事。当然，瑕不掩瑜，鉴于当前人工智能技术正在对教育数字化应用产生巨大颠覆性影响，如何主动应变、积极作为，这或许是所有教育工作者接下来需要深度思考和研究的时代课题。

期待大家能共同协作，谱写教育强国的新篇章。

愿本书的内容能给读者带来新的启迪。

华中师范大学教育大数据应用技术国家工程研究中心 易宝林

二〇二四年六月于桂子山

前 言

我们正处在一个激烈的社会转型期。人们对教育有着更高的期待和追求，而教育的现状是培养模式单一，评价方式单一，片面追求分数，尤其是课程缺乏选择性，无法支撑学生获得全面而有个性的发展。日益凸显的学生个性差异和自主发展需求，迫使学校转型。

2022 年 4 月，中国教育科学研究院比较教育研究所发布《数字化背景下的教育转型：传统到未来的跨越》报告，认为未来教育要开发利用技术平台，促进学生个性发展；线上与线下相结合，打造泛在绿色智能学习空间；分享优质教育资源，利用新技术促进教育公平。2022 年教育部启动“国家数字化教育战略行动”，强调“应用为王”的原则，通过高质量的技术应用推进教育高质量的发展。

华为首席信息官陶景文在《华为·数字化转型必修课》中提到，数字化最终进化成一个“智能体”，在实现这个目标的过程中，所有工作的基础是全量全要素的链接和实时反馈。

全量全要素是数字化转型的第一个关键点。对于教育行业来讲，全量全要素意味着要建立师生成长大数据、师生评价大数据、学校成长大数据、学校教学教研大数据，涵盖学校管理、办公、德育、教学、后勤、安全、文化等各个层面，要实行全员参与、全场景参与，大数据才能实现全量全要素，这种全量全要素本身就是一种巨大的变革，需要从学校管理者开始，到中基层干部，到一线教师转变观念，转变行为方式。

数字化转型的第二个关键点是链接。数字化的概念不是最近才提出的，我们在实际教育教学中都离不开数据，成绩分析数据、学生档案数据、教师档案数据、教学资源数据等是教育工作者每天都在面对的信息，但这些数据未形成相互之间的链接，也就无法形成大数据。数字化转型中数据的关键点是链接，避免数据孤岛，在不同平台之间要建立统一标准、统一规范，确保数据在各个平台之间互通，建立数据之间的链接。

数字化转型的第三个关键点是实时反馈。实时反馈是数字化的重要用途，使用数据来指导教育教学和管理，让数据发挥其重要的作用，其数字化实时反馈应具备的实时性、智能化的特性。数据的实时反馈可以缩短发现问题、解决问题的周期，提高教育教学质量；实时反馈智能分析能够直指问题本质，节省分析数据的时间，这是数字化实时反馈的意义。

数字化转型的第四个关键点是顶层设计。学校或部门一把手必须是数字化变革的直接推动者，数字化转型，首先是学校或部门一把手的思想与行动转型，从评价制度变革入手，探索应用场景，将学校管理、教学、德育、安全的制度重新梳理，建立专业化的数字化团队，系统性地开展系列培训，全面提升教师数字化素养，自上而下地开启学校数字化转型。

当前，数字化深刻地影响并改变着我们的教育，借助数字化管理，我们可以实现传统教育模式下很难实现的问题，诸如个性化的教学、多元化的评价、多样性的课程等。本书探索的数字校园围绕教学教研、德育管理、数字办公等方向展开，探索建立系统化、智能化的平台系统，以实现多平台数据打通、信息智能推送、精准数据分析的功能需求，服务教育、服务管理，并在探索过程中实现教师信息化素养的全面提升。

本书是作者经历七年实践的总结，内容包含学校数字化转型中涉及的数字化应用场景、评价体系、管理制度、资源库建设、审批流程、具体案例等，具有较强的实践性，在教育数字化转型浪潮中，希望能够为学校提供一定的借鉴价值。教育数字化是大势所趋，我国基础教育阶段，大部分学校数字化转型处于起步阶段，本书适用于基础教育阶段的学校管理者和一线教师阅读。

任何的变革都是艰难的，我们在探索过程中也遇到了许多瓶颈和困难，幸运的是我们拥有一支勇于探索的团队，默默地深耕，今天的些许经验，都是团队共同努力的结果。目前，我们仍有很多不成熟的地方，期待志同道合的教育同行共同交流。

编著者

2024 年 2 月 7 日于东莞

目　录

第一篇 数字化评价

第一章　数字化评价的价值和意义

第一节　时代背景与现状需求

一、数字化评价的时代背景与教育方向

纵观世界，许多发达国家在实践和政策层面对数字化评价均进行了深入的探索，从政策制定，到基础设施、师生素养、学习变革、评价机制等方面，全方位地推进教育信息化、数字化，推动教育升级换代，走向未来。

2021 年 10 月，中共中央、国务院印发《深化新时代教育评价改革总体方案》，方案中提出，要“引导教师潜心育人的评价制度更加健全，促进学生全面发展的评价办法更加多元”“坚持科学有效，改进结果评价，强化过程评价，探索增值评价，健全综合评价，充分利用信息技术，提高教育评价的科学性、专业性、客观性。坚持统筹兼顾，针对不同主体和不同学段、不同类型教育特点，分类设计、稳步推进，增强改革的系统性、整体性、协同性。”“通过信息化等手段，探索学生、家长、教师以及社区等参与评价的有效方式，客观记录学生品行日常表现和突出表现，特别是践行社会主义核心价值观情况，将其作为学生综合素质评价的重要内容。”

2022 年教育部将“实施基础教育数字化”列为战略行动，教育部部长怀进鹏在深化新时代教育评价改革工作推进会上强调指出，强化德智体美劳过程性评价，完善综合素质评价体系，推进教育评价数字化转型，这标志着我国数字化新基建工作开始提上日程。

数字化校园建设将趋于系统化、智能化，涵盖学校运行中的各个场景，包括教学教研、德育管理、设备管理、校务管理于一体的综合性平台，通过

该平台，可以打通在线教、学、研的时空限制，实现教学、教研、管理、育人的过程性留痕，提升教学管理质量；通过系统化的学生综合评价体系建立学生综合成长报告册；通过系统化的评价体系，建立学校发展、教师发展、学生发展的学校发展画像，大数据画像的形成对学校发展、教师发展、学生发展具有指导意义。

二、学校评价的现状

教育评价作为教育的重要组成部分，其目的是通过评价使学校或教师从内部改进教育教学活动，通过评价引导学校培养出适合社会需求和国家发展的人才。在国家新的教育改革评价中明确提出要强化过程评价，探索增值评价，健全综合评价。而在当下传统的教育评价模式中，在实际的推行中依然存在一定难度，需要我们更新观念，更新方式方法，以更科学、更严谨的模式去探索实施。传统教育评价中存在的问题和表现形式如表 1.1.1 所示。

表1.1.1 传统教育评价中存在的现状和表现形式

序号	问　题	表现形式
1	割裂的数据孤岛	不同评价系统之间数据不兼容、不能互相共享，难以形成完整的教育数据生态系统的现象
2	评价方式与呈现方式简单	基本以传统考试为主
3	评价维度单一	基本以考试成绩为评价标准
4	重结果性评价	基本以考试成绩为评价标准
5	评价参与性与时效性不强	学生被动接受评价，评价时效不及时

(一) 割裂的数据孤岛

数据孤岛指的是由于不同评价系统之间数据不兼容、不能互相共享，导致教育数据在不同系统之间被孤立，难以形成完整的教育数据生态系统的现象。这一现象主要由以下几个原因造成。

1. 数据格式和标准不一致

不同的教育数字化评价系统采用的数据格式和标准不一致，导致数据之间难以互通，形成了数据孤岛。

2. 数据安全和隐私问题

由于个人隐私保护和信息安全的原因，不同评价系统之间不能直接共享数据，也会形成数据孤岛。

3. 教育资源的分散

不同学校、不同地区的教育资源分散，不同系统之间缺乏互联互通的机制，难以形成完整的数据生态系统。

数据孤岛现象对于教育数字化评价产生了诸多问题和挑战，例如，教育资源的浪费，由于数据孤岛，许多重复的教育资源被多个系统分别维护，造成了教育资源的浪费；数据分析的局限，数据孤岛使得不同系统中的数据难以共享，也难以进行综合分析，限制了对教育数据的深度挖掘和应用；学生全面发展的评价难度，不同系统之间数据孤岛，很难全面评价学生的各方面能力，从而影响到学生全面发展的评价。

(二) 评价方式与呈现方式简单

在传统的教育评价中，主要采用的评价方式和工具有以下几种。

1. 考试评价

考试是最为常见的评价方式之一，主要通过考试成绩评价学生的学习成果。这种评价方式简单、直接，但也存在着一些问题，如忽略了学生的非认知因素、不能全面地评价学生的能力等。

2. 体育评价

体育评价是对学生的体育活动能力进行评价，包括身体素质、运动技能、体育精神等方面。这种评价方式能够充分体现学生的身体素质和体育能力，但在评价过程中需要考虑到不同学生的身体条件和个性特点。

3. 个性评价

个性评价是针对学生的个性特点和特长进行评价，主要包括学生的兴趣、爱好、特长等方面。这种评价方式能够更全面地了解学生的个性特点，但在评价过程中缺乏过程性评价数据支撑，以学期末的结果性评价为主，存在着主观性较强的问题。

4. 单调的评价报告

报告册内容以成绩为主，包含简单的教师评价描述，不能全面地评价学生，更无法呈现学生过程性成长过程。

（三）评价维度单一

传统的初中教育评价还存在以下问题和弊端。

1. 评价内容单一

传统评价主要关注学生的认知能力，忽略了学生的情感、态度、价值观等非认知因素，不能全面地评价学生的综合素质。

2. 评价标准固化

传统评价往往依据固定的标准进行评价，忽略了学生个性的差异和多样性，难以全面地反映学生的真实水平。

3. 评价方式单一

传统评价往往采用单一的评价方式和工具，如考试、作业等，缺乏多样性和灵活性。

（四）重结果性评价

教育评价中，结果性评价作为当前选拔人才的重要方式，占据着非常重要的地位。结果性评价重点在于评估教育活动的成果和效果，而非评估教育活动本身的过程和方法，评价结果往往以考试成绩为主要依据。这种现象主要表现在以下几个方面。

1. 考试成绩是评价学生学习成绩的主要依据

学生的学习成绩往往是通过期末、期中考试成绩等单一的结果性评价指标来反映的，而忽略了学生在日常学习过程中的表现和实际水平。

2. 评价侧重于知识掌握程度

学生的知识掌握程度往往是评价的重点，而忽略了学生的能力、素质等其他方面的评价，这也导致了评价结果的单一性。

3. 教师教育教学行为的变化

由于强调结果，可能会让教师过于关注学生的考试成绩而忽略了学生的全面发展，从而导致教学行为的变化。

4. 学生学习行为的变化

学生可能会追求更高的分数而忽略了知识的掌握和理解，从而出现一些不良的学习行为，例如死记硬背、抄袭等。

5. 教育公平的问题

过分注重考试成绩会加剧教育公平问题，因为一些学生的家庭条件、文化背景等可能会对其考试成绩产生较大的影响，从而导致教育机会不平等。

以上这些现象都体现了评价重结果性评价的倾向，这也使得学生在评价过程中的个性化和多元化表现受到限制，甚至导致学生的学习积极性和兴趣受到影响。

(五) 评价参与性与时效性不强

在传统的评价中，学生在评价的参与性与时效性方面存在一定弊端，主要体现在以下几个方面。

1. 学生被动接受评价

传统评价往往是老师对学生进行的一种评价，学生只能被动地接受评价，缺乏主动性和参与性。

2. 评价结果不能及时反馈

传统评价往往需要一定的时间才能得出评价结果，并且评价结果不能及时反馈给学生和家长，难以对学生的学习进行及时的指导和调整。

当前存在的评价现状与孩子的成长教育、与国家社会的实际需求之间存在着一定的错位。因此，我们需要探索更加多元化、个性化、全面化的教育评价方式，以充分评价学生的综合素质和能力，同时可以减少结果性评价对学生学习兴趣和积极性的影响。例如，可以引入综合素质评价、项目式评价等多种评价方式和工具，让学生在不同的评价方式下展现自己的特长和优势。同时，也要重视过程性评价，充分评价学生在日常学习中的表现和实际水平，使评价更加全面和准确。

改进传统教育评价模式，当前存在较大的难度，包括评价标准客观全面、评价维度设置、评价方式实施效率等，数字化评价的引入，将对解决这些困难带来极大的帮助。

第二节　数字化评价的意义与平台架构思路

一、数字化评价对教育变革的积极影响

近年来，随着数字化技术的发展和应用，数字化评价带来巨大的变革和影响，包括以下几点。

（一）提高教学效率

数字化评价可以让教师更加全面地了解学生的学习情况，及时掌握学生的学习进度和成绩情况，帮助教师更加科学地进行教学，提高教学效率。

(二) 实现个性化教育

数字化评价可以根据学生的个性化需求和学习能力进行评估，有针对性地制定教学方案，帮助学生更好地发挥自己的优势，提高学生的学习兴趣和主动性。

(三) 促进家校合作

数字化评价可以让家长及时了解孩子的学习情况和表现，帮助家长更好地配合学校开展家庭作业、听取学校意见、指导孩子学习等，促进家校合作。

(四) 提高教育公平性

数字化评价可以客观、公正地评估学生的学习成绩和表现，避免了人为因素对学生评价的影响，提高教育的公平性。

(五) 促进教育创新

数字化评价可以促进教育创新，为学生提供更多的学习机会和学习资源，丰富学生的学习内容和方法，激发学生的创新思维和创造力。

(六) 提高学生信息素养

数字化评价需要学生具备一定的数字化素养，包括信息搜索、处理、分析和呈现等能力，通过数字化评价，可以帮助学生提高信息素养，增强学生的信息技术能力。

(七) 丰富教育形式

数字化评价可以利用多媒体技术和互联网资源，丰富教育形式，提高教育的互动性和趣味性，增强学生的学习兴趣。

(八) 增强学生自主学习能力

数字化评价可以通过给予学生自主学习的机会和空间，培养学生的自主学习能力，提高学生的学习主动性和自我管理能力，从而帮助学生更好地适应未来的发展需求。

二、数字化评价的特点和优势

数字化多元评价体系的特点和优势主要包括以下几个方面。

(一) 评价内容多元化

数字化多元评价体系不仅考虑学生的学科能力，还考虑学生的综合素质、实践能力、创新能力等方面，从多个角度评价学生的综合表现，更加全面、客观。

(二) 评价方法多样化

数字化多元评价体系采用多种评价方式，包括问卷调查、实践活动、表现评价、项目评价等，不仅考查学生的知识掌握情况，还评价学生的学习态度、合作能力、领导力等方面的表现。

(三) 评价结果可视化

数字化多元评价体系利用数字化技术对学生的评价结果进行可视化处理，能够直观、清晰地展现学生的评价结果，帮助教师和学生更好地理解评价结果，及时进行反思和调整。

(四) 评价周期短、反应快

数字化多元评价体系可以实现在线评价和即时反馈，评价周期短、反馈及时，能够帮助学生更加及时地了解自己的表现和不足，并进行调整和改进。

(五) 精准评估学生能力

数字化评价可以将学生的学习表现量化，通过数据分析和比较，能够更加准确地评估学生的学习能力和水平。

数字化多元评价体系具有评价内容丰富、方法多样化、结果可视化、周期短等特点和优势，可以更好地满足学生全面发展的需要，促进学生的自主学习和发展，推动教育创新和变革。

三、平台架构思路

推行数字化教育，需要学校构建完整的方案和计划，包括制定规划、评价体系、平台建设、思想引导、实施团队等方面（见图 1.2.1）。

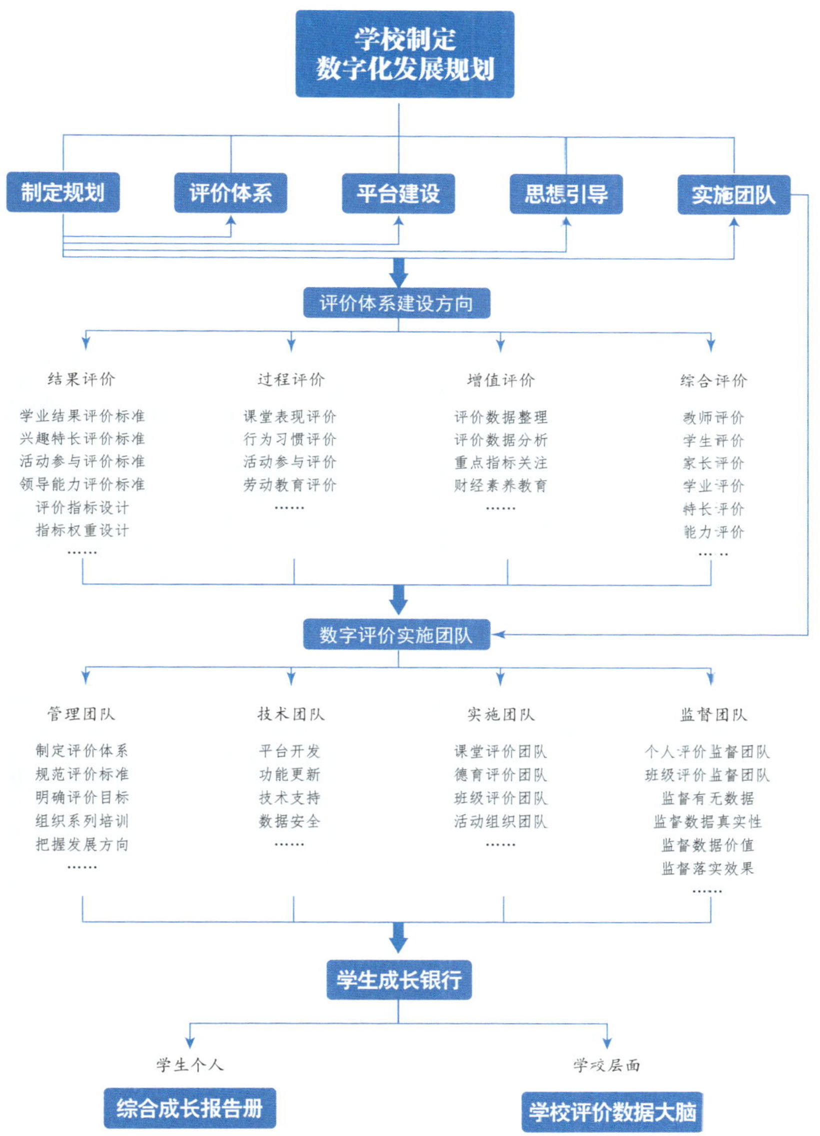

图1.2.1 学校数字化发展规划

学校层面制定数字化实施战略，主要包括以下几方面工作。

(一) 制定数字化教育发展规划

根据学校现状和教育需求，制定数字化教育的发展规划，明确数字化教育的目标和方向。同时，建立数字化教育领导小组，负责指导、推动数字化教育的实施。

(二) 提供数字化教育设备

学校需要为每个班级配备计算机、投影仪、多媒体教室等设备，确保学生在数字化教育环境下能够有效地学习。

(三) 引入数字化教学工具

学校可以引入一些数字化教学工具，如学生评价系统、在线测试系统、自主学习平台等，提高学生的学习积极性和自主学习能力。

(四) 培训教师的数字化教学能力

学校需要向教师提供数字化教育培训，使其具备利用数字化工具和平台进行教学的能力和技能。

(五) 建立数字化教育评价体系

学校可以建立数字化教育评价体系，评估数字化教育的实施效果和学生的学习情况，不断优化数字化教育方案，提高教学质量。

(六) 加强数字化教育的安全管理

数字化教育需要注意安全问题，学校需要制定相应的安全管理规定，防止不良信息对学生造成负面影响，保护学生的隐私和个人信息。

数字化从实施到落地，再到成果显现，需要一定的时间，在这个过程中需要学校坚定信心，建立团队，分工负责，落实到位，主要团队有学校管理团队、技术团队、实施团队、监督团队等。

四、面临的挑战

在实施数字化评价过程中也可能会面临以下挑战和难点。

(一) 技术难题

数字化评价需要技术的支持，学校可能需要在硬件设备、教师技能等方面投入更多的时间和资源，以确保评价的准确性和有效性。

(二) 资源投入问题

数字化评价需要投入一定的人力、物力和财力，因此需要考虑资源的合理配置和利用效率，避免资源浪费和效果不佳的问题。

(三) 数据安全问题

数字化评价涉及大量的个人信息和敏感数据，学校需要加强对这些数据的保护和管理，防止泄露和滥用。

(四) 教师接受度

某些教师可能对数字化评价存在抵触情绪，需要加强对教师的培训和教育，提高他们对数字化评价的认可度和接受度，以促进评价的顺利推进。

(五) 评价标准问题

数字化评价需要制定统一的评价标准和方法，但不同学科和不同教师可能有不同的评价侧重点和标准，需要加强协调和沟通，以确保评价的公正性和科学性。

数字化评价尽管存在一些挑战和难点，但其优势和意义依然不可忽视，数字化评价将成为未来教育发展的必然趋势，为教育的发展带来更多的机遇和改革空间。学校需要解决相关的问题和挑战，同时也要善于把握机遇，加强数字化评价在教育中的应用，提高学生的学习质量和教师的教育水平。

第二章　数字化评价平台的创新建设思路

第一节　教育评价的基本理论和方法及数字化平台研发

一、基本理论和基本方法

数字化评价需要建立统一的、数据互通的评价平台，数字化评价与传统评价都是基于教育评价的基本理论和方法，不同之处是数字化评价能够形成大数据，让评价更全面、更客观、更系统，在改进结果评价、强化过程评价、探索增值评价、健全综合评价方面具有更强的优势。因此，数字化平台的建设要遵循教育评价的基本理论和方法，如图 2.1.1 所示。

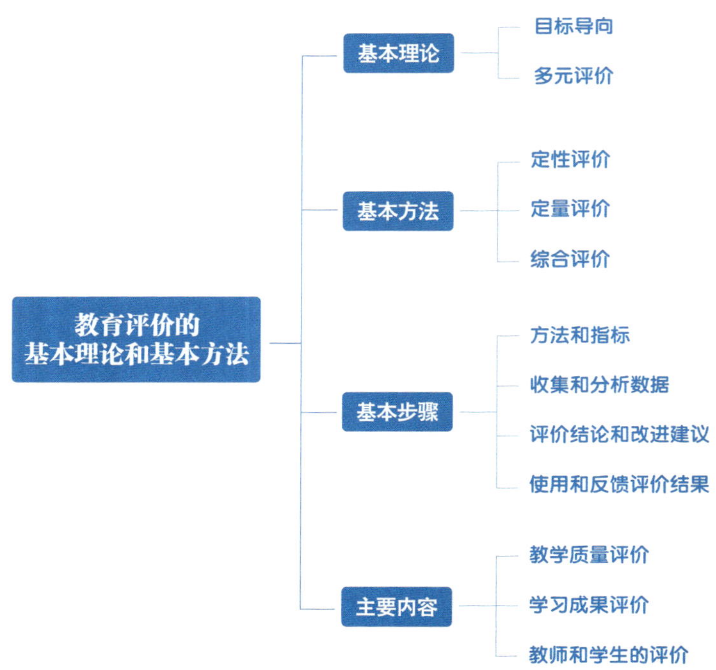

图2.1.1　教育评价的基本理论、基本方法、基本步骤和主要内容

(一) 教育评价的基本理论

教育评价的基本理论包括目标导向和多元评价。其中，目标导向是教育评价的核心，教育评价的过程和结果必须与教育目标和价值导向相一致，评价结果必须能够为教育改革和教育政策提供科学的依据。

1. 教育评价的目标导向

教育评价的目标导向是以教育目标为基础，对教育过程和教育结果进行评价。目标导向是非常重要的，因为它能够帮助教师更清晰地了解教育目标、教育过程和教育效果，并能够为教育改革和发展提供有效的依据和参考。同时，目标导向评价也能够促进教育质量的提高，促进学生的全面发展。通常包含以下内容。

1）教育目标的评价

评价教育目标是否明确、合理，是否能够引导学生全面发展等。

2）教育过程的评价

教师、教学资源、评价方式等是否合理、有效，是否能够激发学生兴趣，是否能够促进学生综合素质的提高等。

3）教育效果的评价

评价学生的综合素质、创新能力、社会责任感等方面的提高情况，以及教育目标的达成程度等。

2. 多元评价的实施

多元评价是指通过多种方式和方法对学生的学习、能力、素质等方面进行评价，以综合反映学生的全面表现。具体包含以下几个方面。

1）学业成绩评价

学业成绩评价是指通过考试、作业、课堂表现等方式对学生的学业成绩进行评价，评估学生的知识水平和学习能力。

2）课堂表现评价

课堂表现评价是指对学生在课堂上的表现进行评价，包括学生的参与度、表达能力、思维深度等方面的表现。

3）综合素质评价

综合素质评价是指对学生的综合素质进行评价，包括学生的创新能力、交往能力、思维能力、道德素养等方面。

4）个性特长评价

个性特长评价是指对学生的个性特长进行评价，包括学生的艺术才能、体育特长、领导力等方面。

5）自我评价

自我评价是指学生对自己的学习、能力、素质等方面进行自我评价，包括自我认识、自我反思、自我评估等。

通过多元评价，可以全面反映学生的学习和发展情况，从而更好地指导学生的学习和发展，提高教学质量，推动学校教育的全面发展。

3. 评价结果的使用和反馈

评价结果的使用和反馈是教育评价的重要环节，关系到评价的实际效果和价值。下面从使用评价结果和反馈评价结果两个方面来阐述。

1）使用评价结果

使用评价结果主要是指将评价结果应用到实际教育活动中，帮助学校和教师更好地指导学生的学习和发展。具体包括以下几个方面。

（1）指导学生学习

根据评价结果，指导学生制订个性化学习计划，提高学生的学习效果。

（2）改进教学方法

根据评价结果，优化教学设计和教学方法，提高教学质量和效果。

（3）促进教师专业发展

根据评价结果，帮助教师了解自身的优势和不足，提高教学水平和专业能力。

2）反馈评价结果

反馈评价结果主要是指将评价结果及时、准确地反馈给评价对象，帮助评价对象全面了解自身的学习和发展情况。具体包括以下几个方面。

（1）向学生反馈评价结果

及时向学生反馈评价结果，让学生了解自己的学习水平和能力表现，以便制订个性化学习计划。

（2）向家长反馈评价结果

及时向家长反馈评价结果，让家长了解孩子的学习和发展情况，与学校、教师一起合作，帮助孩子发展。

（3）向教师反馈评价结果

向教师反馈评价结果，帮助教师了解自己的教学水平和效果，优化教学设计和教学方法，提高教学效果。

评价结果的使用和反馈是评价的重要环节，只有充分利用评价结果，才能实现评价的价值和效果，促进教育的发展和改进。

(二) 教育评价的基本方法

任何一种评价方法都难以兼顾全面，不能全面客观地对个人或团队实施评价，因此，教育评价的基本方法一般会选用多种评价方法，常用的有定性评价、定量评价和综合评价，不同的评价方法之间相互补充，最大程度上保证评价的公平、公正、客观，如表 2.1.1 所示。

表2.1.1 教育评价的基本方法

序号	评价方法	应用场景/方法	特　点
1	定性评价	文字描述、谈话、观察等	主观性、综合性强，不容易进行量化
2	定量评价	数据分析、统计、比较等	可量化、可统计、客观性强
3	综合评价	个性特长、综合素质方面的记录	评价面广泛，综合性强

1. 定性评价

定性评价是指根据评价对象的表现、行为和其他特征进行分析和评价的一种方法，通常采用文字描述、观察、访谈、问卷等方式进行数据收集和分析。与定量评价相比，定性评价更注重对评价对象的深入理解和描述，重视评价对象的细节和特点，有利于从更全面、更细致的角度认识和评价评价对象的学习和发展情况。定性评价的特点包括以下几个方面。

1）描述性

定性评价通过文字描述、观察、访谈、问卷等方式对评价对象的特征和行为进行描述和分析，以获得更深入、更具体的理解和认识。

2）主观性

定性评价的数据收集和分析过程更加主观，因为评价者的观察、描述、解释和评价是主观的，受到个人经验、偏好和认知的影响。

3）灵活性

定性评价方法具有更大的灵活性，可以根据评价对象的特点和目的选择合适的评价方法和工具。

4）综合性

定性评价重视评价对象的细节和特点，有助于形成更综合、更全面的评价结果，帮助评价者对评价对象进行更全面、更深入的认识。

定性评价常用于评价对象的质量和效果，如评价学生的学习水平、教师的教学效果、学校的办学质量等。定性评价具有一定的局限性，如主观性较强、难以进行量化分析等，因此通常会与定量评价结合使用，以获得更全面、更准确的评价结果。

2. 定量评价

定量评价是指通过数值和数据分析对评价对象进行量化评价的方法。通常采用测验、考试、问卷、调查等方法，将评价对象的表现、成绩、观点等信息转化为数字，并进行统计、分析和比较，以获得客观、准确的评价结果。定量评价的特点包括以下几个方面。

1）数字化

定量评价通过将评价对象的表现和行为量化为数字，以便于分析、统计和比较。

2）客观性

定量评价的数据分析和结果更加客观，因为数字数据本身不带主观性，可以避免评价者的主观偏见和误差。

3）可比性

定量评价结果具有较强的可比性，因为采用统一的评价标准和方法进行评价，可以进行跨区域、跨时间的比较和分析。

4）精细化

定量评价可以对评价对象的表现和行为进行精细化的分析和比较，以便于发现评价对象的优缺点、变化和发展趋势。

定量评价常用于评价对象的成绩、水平、能力等方面，如评价学生的学业成绩、教师的教学成果、学校的教育质量等。

定量评价可以提供可量化、可比较的数据和信息，有利于进行数据分析和决策制定，但也存在一定的局限性，如难以反映评价对象的特点和细节、过于依赖量化指标等。因此，通常需要与定性评价相结合，以获得更全面、更准确的评价结果。

3. 综合评价

综合评价是指将多个评价指标和方法综合起来，对评价对象进行全面、系统、客观的评价。综合评价可以综合定性评价和定量评价的结果，同时考虑评价对象的学业成绩、学科知识、综合素质、能力水平、行为表现等多个方面，以便于全面评价评价对象的优缺点、特点和发展趋势。综合评价的特点包括以下几个方面。

1）全面性

综合评价覆盖多个方面和维度，可以全面反映评价对象的表现和能力，包括学科知识、综合素质、能力水平、行为表现等方面。

2）客观性

综合评价采用多种评价方法和指标，可以避免单一评价方法的主观偏见和误差，提高评价结果的客观性。

3）实用性

综合评价可以提供全面、准确的评价结果，有利于教学改进、教育管理、教育决策等方面的应用和实践。

4）个性化

综合评价可以根据评价对象的个性特点和发展需求，制定个性化的评价方案和指标体系，有利于满足不同评价对象的需求和要求。

综合评价在教育领域中应用广泛，包括学生综合素质评价、教师绩效评价、学校综合评价等方面。综合评价需要制定科学、合理的评价指标和方法，同时进行数据收集、处理和分析，以获得客观、准确的评价结果。

(三) 教育评价的基本步骤

教育评价的基本步骤包括确定选择评价方法和指标、收集和分析评价数据、得出评价结论和提出改进建议、使用和反馈评价结果等，如图 2.1.2 所示。在整个评价过程中，要注重评价的科学性、公正性、有效性和可操作性，确保评价结果的可靠性和可信度。

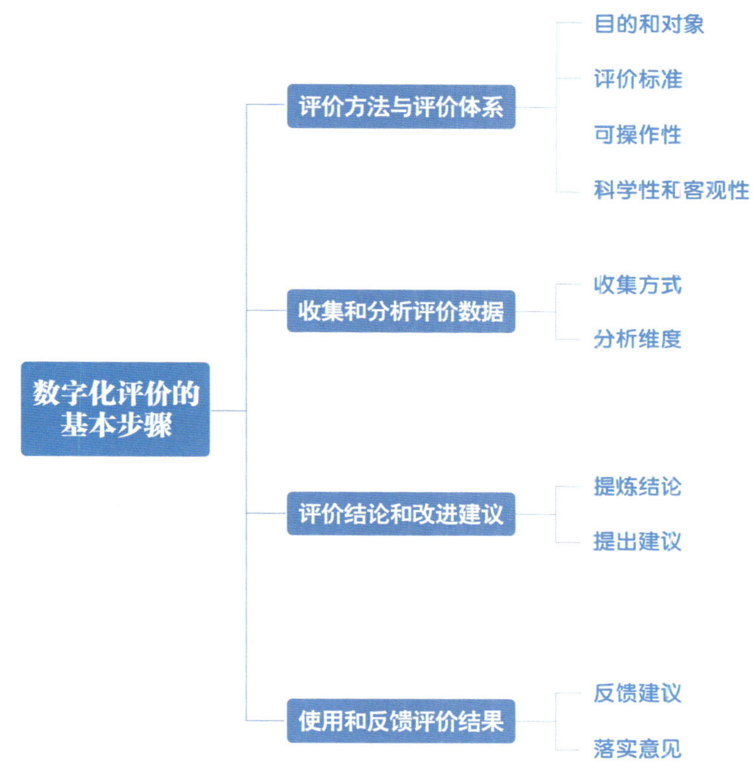

图2.1.2　数字化评价基本步骤

1. 评价方法和评价体系

前文提到，评价方法包括定性评价、定量评价和综合评价。在设置教育评价指标时，需要考虑下几个方面。

1）评价目的和评价对象

评价目的不同，所需评价的对象和评价指标也不同。评价指标需要根据评价目的和评价对象的特点来确定。

2）评价标准

评价指标需要与评价标准相对应，评价标准可以是教育部门发布的标准，也可以是学校、教师自行制定的标准。

3）评价指标的可操作性

评价指标需要具有可操作性，评价人员可以通过现有的工具和手段对其进行测量和评价。

4）评价指标的科学性和客观性

评价指标需要具有科学性和客观性，评价结果应该是可复制和可验证的。

常见的教育评价指标：学生学业水平，包括学生的学习成绩、学习能力、学习态度等；教师教学质量，包括教学方法、教学内容、教学效果、师德等；教育教学设施和资源，包括教室、实验室、教学设备等；学校管理水平，包括学校管理制度、学校管理效率、学校安全等。

需要注意的是，评价指标的设置需要根据具体情况进行选择和确定，不能简单地照搬别人的评价指标或标准，应该充分考虑本地区、本学校的特点和实际情况。同时，在评价过程中也需要充分考虑评价指标的综合性和相互影响，避免评价指标之间的重叠和冲突。

2. 收集和分析评价数据

在传统模式下收集数据存在许多困难，一般包括考试成绩、作业完成、学生考勤、课堂表现、教师观察记录，家长反馈、同学交流、活动参与等几个方面。本文介绍的是在数字化评价模式下的数据收集。

1）数据收集

数字化模式下，我们需要明确收集哪些数据，以何种方式收集数据，收集的这些数据需要帮助我们实现什么样的管理目标，如图 2.1.3 所示。

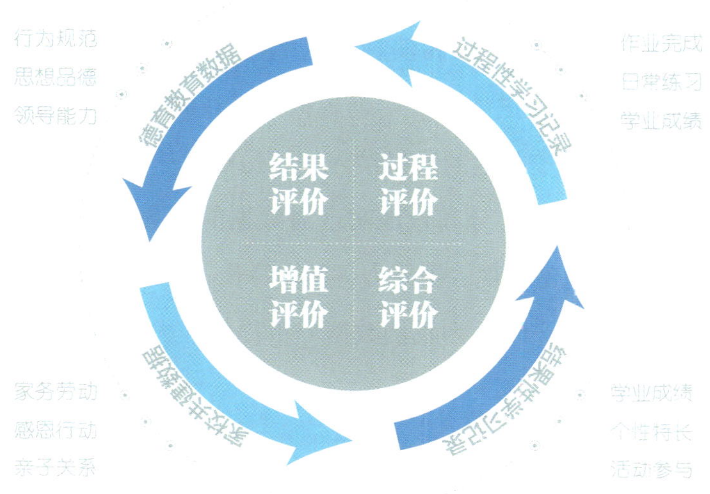

图2.1.3 数字化评价收集的数据范畴

（1）过程性学习记录

作业完成、练习数据、考试数据等都可以作为过程性学习记录的一部分，过程性学习记录与结果性学习记录共同组成学生的评价数据。

（2）结果性学习记录

结果性学习记录包括学业成绩数据、个性特长数据、活动参与数据等。学生可以通过网络上传自己的学习成果，如作品、视频等，教师可以通过这些学习成果评价学生的学习水平和能力。

（3）德育教育数据

我们一直强调学生教育德育为先，德育为教学保驾护航的理念，将育人摆在教育的首位，良好的德育表现可以助力学生的学业成长。在学生评价数据中德育表现是我们数据收集的重点，包括行为规范、思想品德、领导能力等各方面的数据。

（4）家校共建数据

在今天的教育中，家庭教育扮演越来越重要的角色，2021 年我国颁布《中华人民共和国家庭教育促进法》，明确规范家庭在教育中扮演的角色和发挥的作用。我们需要将家校共建的数据纳入评价范畴之中。

借助数字化工具可以十分高效地实现对数据的收集，通过数字化平台收集学生在活动参与、课堂表现、领导力、兴趣特长、行为规范等方面的数据，数据收集的范围广泛、详细，为我们数据分析提供强大的技术保障。

2）数据分析

在分析教育评价数据时，需要关注以下几个方面的内容，如图 2.1.4 所示。

图2.1.4　评价数据分析的关键点

（1）数据的可靠性和有效性

评价数据应该具有可靠性和有效性，即所收集到的数据应该准确、真实、完整和具有代表性，才能反映评价对象的真实情况。

（2）数据的分布和趋势

需要对数据的分布和趋势进行分析，包括数据的中心趋势、离散程度、分布形态和变化趋势等。

（3）数据之间的关系

需要对不同数据之间的关系进行分析，包括变量之间的相关性、因果关系、影响因素等。

（4）数据的比较和对比

需要对不同评价对象、不同评价时间段、不同评价指标等进行比较和对比，从而发现差异和相似之处，为改进工作提供参考。

（5）数据的解释和反馈

需要对数据分析结果进行解释和反馈，明确评价对象的优劣势和改进方向，提供有针对性的建议和措施，促进教育改革和发展。

需要注意的是，在进行数据分析时，需要根据评价目标和评价对象的特点进行选择和确定相应的分析方法和工具，同时需要充分考虑数据的背景和意义，避免误解或错误的解释。

3. 评价结论和改进建议

1）提炼评价结论

在总结教育评价结论时，需要注意以下几个方面。

（1）必须基于数据

评价结论应该基于充分的数据和证据，而不是基于个别的案例或偏见。

（2）必须精准

评价结论必须准确、精准，不能模糊或含糊不清。

（3）必须客观

评价结论应该客观、公正，不能受到个人喜好、偏见或政治因素的影响。

（4）必须有价值

评价结论应该有价值，能够指导教育实践和决策。

2）改进建议的提出

当针对评价结论提出改进建议时，应注意以下几个方面。

（1）针对性

建议应该具有针对性，即建议应该直接针对评价结论所指出的问题和不足之处。

（2）可行性

建议应该具有可行性，即建议应该能够在实际操作中得以实现，并且符合相关政策和法规的要求。

（3）量化性

建议应该具有量化性，即建议应该能够通过具体的指标或数据来衡量改进效果。

（4）透明性

建议应该具有透明性，即建议应该在公开透明的情况下进行，让所有相关利益相关者都能够参与进来，并对建议的实施过程有所了解。

（5）综合性

建议应该具有综合性，即建议应该综合考虑多个因素，并且在实践中能够协调各个方面的关系。

（6）可持续性

建议应该具有可持续性，即建议应该能够在长期内对教育实践产生积极的影响，并且不会因为某些外部因素而失效。

4. 使用和反馈评价结果

数字化评价在实施过程中有三大难点：一是师生数字化素养或意识的养成；二是当开始实施数字化评价时，如何确保其数据的真实、有效；三是数据如何能够为教育教学提供有价值的数据支撑。

上述三个问题，第一个难点可以通过培训的方式，循序渐进逐步实施，后面两个问题则需要建立相应的机制，通过制度或机制来实现，如图2.1.5所示。

图2.1.5 落实数据反馈的措施

1）以制度促落实

根据数字化评价所反馈的建议，制订具体的改进计划，包括目标、时间表、责任人和资源需求等。这样可以使改进过程更有针对性和可操作性，同时可以更好地跟踪改进的进展情况。

2）加强沟通和合作

数字化评价所涉及的范围往往较广，需要不同部门和人员之间的密切协作。因此，在落实数字化评价建议时，需要加强各方之间的沟通和合作，确保改进措施的顺利实施。

3）建立监督和评估机制

数字化评价的改进是一个持续的过程，需要定期进行监督和评估，以确定改进措施的有效性和持续性。同时，监督和评估也可以及时发现问题，并采取相应的措施加以解决。

4）重视教育评价

数字化评价的目的是改进教育质量和效果，因此需要高度重视教育评价工作。学校应该建立数字化评价意识和评价文化，不断提高评价的质量和水平。

(四) 教育评价的主要内容

教育评价的主要内容包括教学质量的评价、学生学习成果的评价、教师和学生的评价等。评价内容要注重评价的多样性和全面性，同时注意评价内容之间的联系和协调。

1. 教学质量的评价

教学质量的评价是对教学过程、教学效果、教学成果等方面进行综合评价的过程。一般来说，教学质量评价包含以下几个方面。

1）教学过程评价

教学过程评价主要是针对教师在授课过程中的教学方法、教学内容、教学技巧、教学流程等方面进行评价，以评价教学过程的质量。评价的指标包括教学设计、教学方法等。

2）教学效果评价

教学效果评价主要是针对教师在授课后学生的学习成果、学习态度、学习能力等方面进行评价，以评价教学效果的质量。评价的指标包括学生学习成绩、学生满意度、学生参与度等。

3）教学成果评价

教学成果评价主要是针对教师在授课后对学生综合素质、能力、知识、技能等方面的影响进行评价，以评价教学成果的质量。评价的指标包括学生思维能力、创新能力、实践能力、综合素质等。

4）教学评价方法评价

教学评价方法评价主要是针对评价方法的科学性、可行性、适用性等方面进行评价，以评价评价方法的质量。评价的指标包括评价指标的科学性、评价工具的准确性、评价方法的可靠性等。

综合以上几个方面进行评价，可以全面、系统地了解教学的质量情况，并有针对性地对教学过程、教学效果、教学成果等方面进行改进和提高。

2. 学生学习成果的评价

学生学习成果的评价通常包括以下几方面内容。

1）知识掌握程度

评价学生在某个知识领域的掌握程度，包括学生掌握的知识点、概念、原理、公式等。评价方法可以包括测试、考试、作业等。

2）技能运用能力

评价学生在某个技能领域的运用能力，包括学生的操作能力、分析能力、解决问题的能力等。评价方法可以包括实验、实训、项目等。

3）学科素养

评价学生在某个学科领域的素养，包括学生的学科意识、学科思维、学科方法等。评价方法可以包括讨论、课堂演讲、论文写作等。

4）综合素质

评价学生的综合素质，包括学生的身心健康、品德修养、人际交往、实践能力等。评价方法可以包括综合性评价、自我评价、同伴评价等。

通过以上方面的评价，可以全面、系统地了解学生的学习成果，有针对性地对学生进行个性化辅导、教学改进等，促进学生全面、综合的发展。同时，评价结果也可以为学校教育质量、教学管理等方面提供参考。

3. 教师和学生的评价

对教师和学生的评价主要包括以下几方面内容。

1）对教师的评价

（1）教学能力

评价教师的教学水平、教学方法、教学效果等方面的能力。

（2）业务素质

评价教师的业务能力、学科知识、教学理论水平等方面的素质。

（3）教师风范

评价教师的教育情操、师德师风、道德品质等方面的表现。

（4）科研能力

评价教师的科研水平、科研成果等方面的能力。

2）对学生的评价

（1）学习成绩

评价学生在学科知识方面的掌握程度，包括考试成绩、作业表现等方面。

（2）学科素养

评价学生在学科领域的基本素养，包括学科意识、学科思维、学科方法等方面。

（3）综合素质

评价学生的综合素质，包括身心健康、品德修养、人际交往、实践能力等方面。

（4）学习态度

评价学生的学习态度、学习习惯、学习方法等方面。

通过以上方面的评价，可以全面、客观地了解教师和学生的表现和能力，有助于指导教师和学生进一步提高自身素质，同时有助于学校管理部门制定教学、管理等方面的决策。教育评价是一个综合性、系统性和动态的过程，要遵循科学的评价理论和方法，注重评价目标的明确和教育价值的体现，确保评价结果的准确、可靠和有效。

二、数字化平台的研发

数字化平台在规划开发过程中，需要综合考虑以上因素，从学校教育、管理的实际需求出发，能够解决当前教育和管理中存在的问题，除此之外，要兼顾以下几方面内容。

(一) 数据安全

数字化评价平台需要处理大量的敏感数据，如个人信息、学生成绩等，因此数据安全是至关重要的考虑因素。开发者需要采取严格的数据安全措施，如数据加密、权限控制等，以确保用户数据的安全性。

(二) 技术支持

数字化评价平台需要有完善的技术支持体系，包括用户手册、在线帮助等，以帮助用户快速了解和使用平台。

(三) 可用性

数字化评价平台需要具有良好的可用性，包括用户界面设计、操作流程、反馈机制等，以提高用户满意度。

(四) 数据分析功能

数字化评价平台需要提供数据分析功能，帮助用户对评价数据进行分析和解读，从而提高评价效果。

(五) 数据可视化

评价平台需要具备可视化的数据展示功能，使用户可以更加直观地了解评价结果。

(六) 扩展性

数字化评价平台需要具有良好的扩展性，可以根据用户需求和市场变化进行功能扩展和升级，以保持平台的竞争力和长期可持续发展。

(七) 用户友好性

评价平台需要具备良好的用户交互设计，使用户在使用过程中感到舒适和方便。

(八) 数据分析能力

评价平台需要具备一定的数据分析能力，可以对评价数据进行分析，提供对教育质量提升的指导建议。

(九) 跨平台兼容性

评价平台需要具备跨平台兼容性,可以在不同的操作系统和设备上使用。

数字化评价平台开发需要综合考虑用户需求、数据安全、技术支持、可用性、数据分析功能和扩展性等多个方面，以满足用户需求并保障平台的可持续发展。

第二节　数字化评价系统建设构想

一、数字化评价系统建设原则

学校数字化系统建设总的原则包含三方面：一是多模块一体化；二是多模块互联互通；三是数据智能分析。在平台规划和建设时需要综合考虑上述三方面原则，同时要兼顾学校个性化发展需求，包括教育教学需求、系统架构设计、数据管理、用户体验设计、系统集成、项目管理、安全管理、成本控制、培训与支持、数据分析和挖掘以及持续改进等，只有综合考虑这些因素，才能够成功建设一个高效、稳定、安全、易用、高价值的数字化系统。

一般情况下，学校的数字化模块主要包括教务模块、教学模块、后勤模块、办公模块、管理模块、课程模块、资源模块、评价模块，如图 2.2.1 所示。每个模块都由大量的二级甚至三级模块实现。

图2.2.1 校园数字化模块

二、数字化系统模块构成

数字化系统模块涵盖的范畴十分广泛，在建设时要综合考虑各种因素，根据学校实际需求，选购或定制研发相关的模块，这些模块的功能协同工作，可以有效地帮助学校进行学生评价和教学管理，提高教学质量和效果。

本文重点介绍与评价相关的模块，主要包括管理模块、教务模块、教学模块、课程模块、资源模块、评价模块，如图 2.2.2 所示。

一个完整的数字化系统，应该是能涵盖学校教育教学各个模块的，丰富的数字化模块系统，共同构建了学校数字化评价体系，这些模块一般包括以下几部分。

(一) 学生成绩管理模块

成绩模块是数字化模块中特别重要的一个，主要用于管理学生成绩、统计成绩数据、生成成绩报告、成绩分析等。

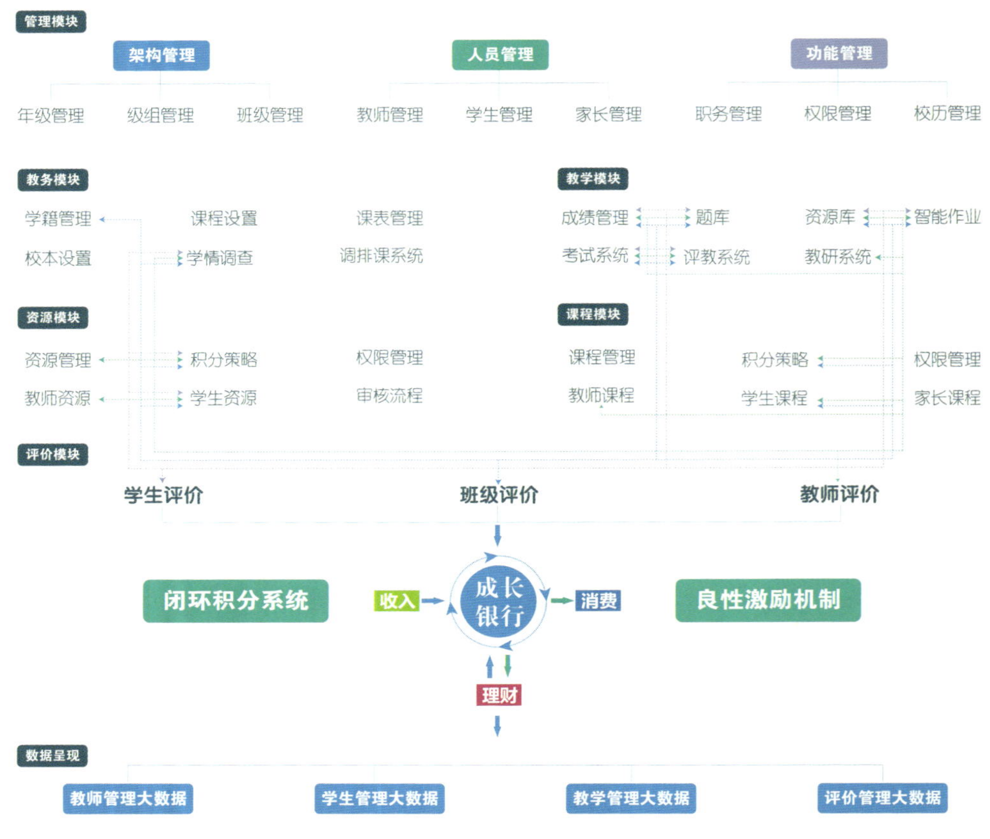

图2.2.2　与评价相关的数字化模块

(二) 作业管理模块

作业管理作为学生过程性学习的重要载体，可用于形成学生过程性学习大数据，同时可以用于监控和反馈学生学习状况。作业管理模块主要包括布置作业、收取作业、批改作业等。

(三) 课程资源管理模块

用于管理教学资源，包括课件、习题、案例等。

(四) 学生选课管理模块

用于学生选课、退课、调课等操作，方便学生进行自主学习。

(五) 班级管理模块

用于管理班级信息，包括班级人员、班级管理、班级活动等。

(六) 家长管理模块

用于管理学生的家长信息，包括联系方式、家庭情况、学生表现，建立家校互动平台，方便家长和教师之间的沟通和交流，为学生提供更好的学习支持和指导。

(七) 德育管理模块

德育管理范畴比较广泛，包括学生日常行为规范、荣誉奖项、活动参与，以及与学生能力相关的，如组织策划能力、领导能力等。

(八) 其他功能模块

上述所有的模块，最终共同组成了学生个人成长档案，涵盖学生多元发展的评价信息。另外，一些高级的数字化评价系统还包含以下功能模块。

1. 人工智能评测模块

利用人工智能技术对学生的作业、考试进行自动评测，提高评测效率和准确性。可以根据学生的学习情况和需求，智能推荐适合的教学资源和课程，提高学生的学习兴趣和效果。

2. 课程设计与评估模块

课程设计与评估模块用于帮助教师设计课程，同时可以对课程进行评估和改进，提高教学效果。

3. 教学评估管理模块

教学评估管理模块用于对教师的教学进行评估，包括学生评价、同行评估、专家评审等。

4. 个性化学习模块

个性化学习模块可以为学生提供个性化学习计划和学习资源，根据学生的学习能力和兴趣，设计针对性的学习方案，提高学生的学习效果和兴趣。

5. 学习社区和互助平台模块

学习社区和互助平台模块可以为学生建立学习社区和互助平台，学生可以在平台上分享学习经验、交流学习心得、互相帮助和支持，增强学习动力和效果。

6. 心理测评模块

心理测评模块是数字化评价系统中的一个重要组成部分，主要用于对学生的心理特征进行评估和分析。

这些高级的功能模块可以进一步提升数字化评价系统的教学管理水平和服务质量，但是相应的开发和维护成本也较高，需要根据实际情况进行权衡和选择。

三、评价对象、范畴与实施人

评价是学校一切教育教学工作的导向，数字化的评价方式既要兼顾传统评价方式，又要实现评价方式的高效、便捷和智能。评价的涵盖面要全面系统。学生是学校评价的主要主体，评价对象一般有评价集体的和评价个人两个层面。

（一）评价集体

评价集体，如图 2.2.3 所示，一般以德育评价、宿舍评价和教学巡查为主，学业成绩评价的维度更加丰富，后文单独介绍。

对集体的评价一般会与团队、班主任、科任老师和学生的评优评先挂钩，评价数据的公平、公正直接影响到管理的效果和落实情况。在具体的实施过程中，为了促进评价的公平、公正，我们设置老师、学生干部、生活老师等不同实施人，共同对集体进行评价。

（二）评价个人

个人是评价的核心，对学生个人评价角度较为丰富，一般包含德育评价、作业评价、学业评价、考勤情况、课堂表现、家庭评价等维度，评价同样可以由科任老师、学生干部、班主任、家长等不同群体实施，如图 2.2.4 所示。

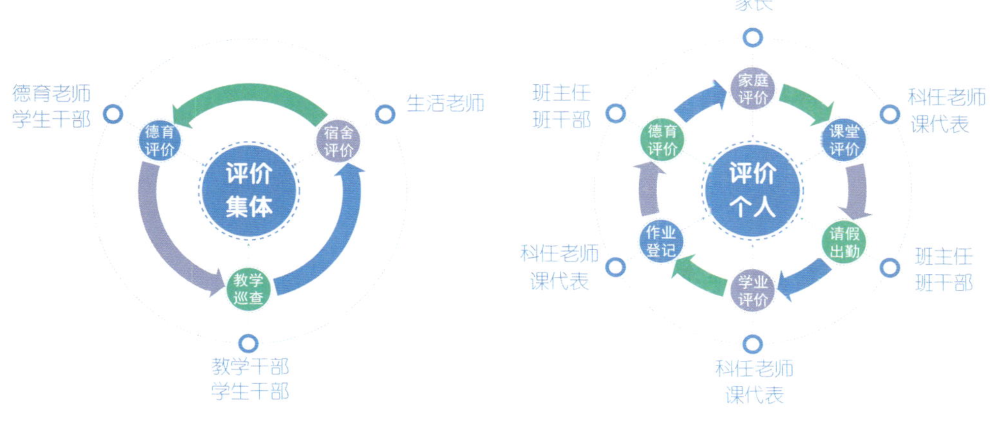

图2.2.3 评价集体　　图2.2.4 评价个人

上述评价维度是多数学校实施的办法，根据国家教育评价改革方案要求，对学生的评价维度应更多元，有关学生个性特长等诸多方面的评价，我们设置了拓展评价，如图 2.2.5 所示。

图2.2.5 拓展评价的维度

四、操作便捷与高效

一个优秀的数字化评价系统，不仅模块涵盖全面，在操作的人性化、便捷性等方面也要全面兼顾，在建设中要注意遵循一定的原则。

（一）简化操作流程

简化系统的操作流程，尽量减少操作步骤和冗余操作，提高用户的操作效率。

（二）引入智能化技术

引入智能化技术，如人工智能和自然语言处理技术，可以帮助用户快速定位需要的信息和操作，提高系统的便捷性和高效性。

（三）丰富数据展示方式

提供多样化的数据展示方式，如图表、表格、数据报告等，让用户可以按照自己的需求和习惯查看和分析数据。

（四）优化系统性能

优化系统的性能，如加快数据查询和处理速度、提高系统的稳定性和可靠性等，可以提高系统的操作效率和用户体验。定期对系统进行升级和优化，加入新功能和技术，提高系统的性能和用户体验，保持系统的竞争力和可持续性。

（五）提供实时反馈和提示

系统可以提供实时反馈和提示，如错误提示、数据校验提示等，帮助用户快速发现和解决问题，减少用户的操作错误和时间浪费。

通过以上措施的实施，可以优化数字化评价系统在实际操作中的便捷性和高效性，提高学校和教师的管理水平和教学质量。

第三节 评价的有效实施

一、明确评价主体与实施评价的主体

教育评价的主体包括学生、教师、家长、学校和教育行政部门等多个群体，在本文中主要介绍有关学生、教师、家长、学校四个对象的评价，明确了评价主体和每个主体的评价内容，评价体系才可以进行下一步的规划和设计。

（一）学生

学生是教育评价的直接受益者和参与者，他们是评价的重要主体之一。评价主要针对学生的学业成绩、学习态度、综合素质等方面展开。

（二）教师

教师是教育评价的实施者和参与者，评价结果可以为教师提供反馈和指导，帮助他们改进教学方法和策略，提高教学质量。

（三）家长

家长是学生的监护人，他们对学生的教育有重要的影响力。教育评价可以向家长传递学生的学习情况和表现，促进家校合作，共同关注学生的成长。

（四）学校

学校是教育评价的组织者和执行者，评价结果可以为学校提供改进和发展的方向和建议，提高整个学校的教育质量和竞争力。

二、建立评价监督、检查、反馈机制

任何工作的开展都需要形成闭环，有关评价，需要建立评价监督、检查、反馈机制等重要环节，以便有效地提高评价的科学性、公正性和有效性。以下是建立评价监督、检查、反馈机制的一般步骤。

（一）设立机构

学校内设立专门的机构负责评价监督、检查、反馈工作，明确机构职责和工作流程，确定监督、检查、反馈范围和频次，如图 2.3.1 所示。

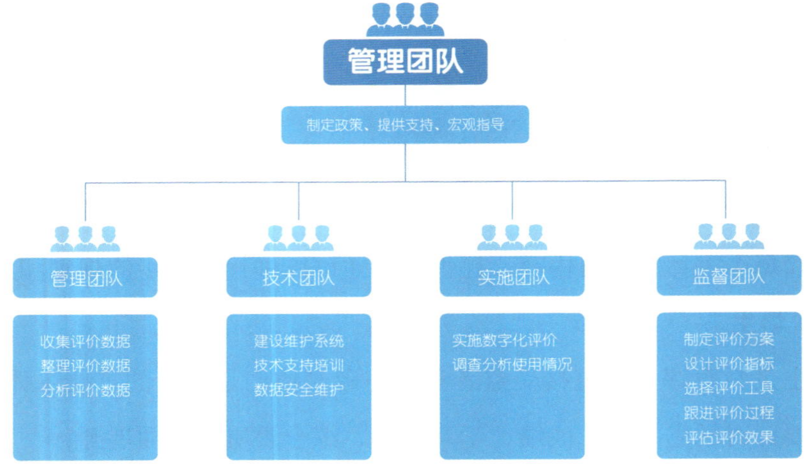

图2.3.1 数字化评价团队

为确保数字化评价的有效实施，可以考虑设立以下团队。

1. 管理团队

负责协调和指导数字化评价的实施，制定和推广相关政策和措施，提供资源和支持，同时要对数字化评价的实施进行监督和评估，及时反馈和落实评价结果。

2. 技术团队

负责搭建和维护数字化评价系统，提供技术支持和培训，解决系统使用中遇到的技术问题。

3. 实施团队

负责具体实施数字化评价工作，包括宣传、调查、统计、分析、报告等，同时也要负责整个评价过程中的质量控制，确保评价结果的准确性和可信度。

4. 监督团队

负责制定数字化评价的方案、设计评价指标、选择评价工具、跟进评价过程，并对评价结果进行解读和汇报。

以上各团队之间需要密切协作，共同推进数字化评价的实施，确保评价工作的顺利进行和评价结果的有效应用。

(二) 制定评价规则应关注的原则

在学校管理中，推行数字化初期会面临许多困难，有些困难是规则设置导致的，有些是人的思想导致的，需要我们在制定评价规则时周密部署，以降低其推行的难度，确保能够顺利推进。主要需要注意以下几个方面，如图 2.3.2 所示。

图2.3.2 制定评价规则应关注的原则

1. 评价频次合理

需要根据学校实际情况和数字化评价目的制定评价频次规范。评价频次过高可能导致教师负担过重，评价效果不佳；评价频次过低，可能无法及时了解教学效果和学生学情。

2. 评价标准统一

需要制定统一的评价标准，明确评价内容和评价指标。评价标准应该体现学校教学目标和教学要求，同时考虑教师教学特点和学生学情。评价标准还应考虑不同学科课时量不同，评价数据总量的差异性，可针对不同学科或不同教师，设置不同的评价标准。

3. 工作量兼顾协调

数字化评价实施会带来一定的工作量，需要制定合理的工作量分配方案，协调各职能部门和教师的工作，确保数字化评价工作的顺利进行和评价结果的及时反馈及应用。在设置评价标准时，应充分考虑实际教学场景，不能影响正常教学，不能带来过度的工作量。

4. 教师的接受程度

数字化评价的实施需要得到教师的支持和参与，需要对教师进行相关培训和指导，提高教师对数字化评价的认知和接受程度。

5. 学生和班级的关注程度

数字化评价是学生和家长了解学生学情和教学效果的重要途径，需要加强对学生和家长的宣传和教育，提高他们对数字化评价的关注程度和参与度，如可以利用班会课或每日小结等方式进行通报数据，并且将此数据与班级或学生的各项评优评比适当挂钩。

6. 及时反馈和应用

数字化评价结果应该及时反馈给相关人员，供他们进行教学改进和学生个性化辅导。同时，需要对数字化评价结果进行分析和应用，为学校管理提供参考依据和决策支持。

三、评优数据的有效应用

在学校管理中，评价的数据必须要发挥其应有的作用，除常规反馈作用外，应更深入地应用评价数据，包括与评优评先挂钩、为学校管理提供数据支撑等。深入地应用评价数据，一是可以发挥数字化评价的价值和意义，二是可以有利且有效地保障数字化评价推进工作的开展。

(一) 与评优评先挂钩注意事项

数字化评价数据可以作为评优评先的重要参考依据，但评优评先并不仅仅依赖于数字化评价数据，还需要考虑其他因素，如学生在学校各种活动中表现的优异程度、课外活动成绩、科技创新成果等。

在将数字化评价数据与评优评先挂钩时，需要注意以下几点。

1. 评价标准的明确性和公正性

评价标准需要明确、公正、客观，评价过程中需要避免主观性的干扰，评价结果应该具有可比性和可靠性。

2. 数字化评价数据的权重和重要性

数字化评价数据的权重和重要性需要与其他评价因素进行比较和协调，不应该过于突出数字化评价数据的作用，以免忽略其他重要的评价因素。

3. 建立合理的评价体系

需要建立合理的评价体系，明确各种评价因素的作用和相互关系，避免评价体系的混乱和不公。

4. 提供详细的评价报告和反馈

对于评价结果需要提供详细的评价报告和反馈，让学生和教师能够了解自己的优缺点和改进方向，促进其自我提升和成长。

数字化评价数据可以作为评优评先的重要参考依据，在建立合理的评价体系和提供详细的评价报告和反馈的基础上，合理运用数字化评价数据，为评优评先提供更为客观、准确、全面的参考依据。

（二）与评优评先挂钩场景

在实际评价场景中，评价的指标繁多，可以将单一某个指标用于评价学生或班级，也可以用多个指标综合评价。例如，某段时间内教室卫生检查成为本月重点工作，则可以将教室卫生指标作为本月评价的重点。以下是几个具体案例，用来与学生、班级、教师的评优评先挂钩，仅供参考。

1. 学生成绩

学生成绩是评价学生学习成果的重要指标，可以作为评优评先的参考依据之一。学校可以通过数字化评价系统，对学生的课堂表现、作业完成情况、考试成绩等进行评价，提供客观的学生成绩数据，并根据学生成绩情况进行评优评先。

2. 学生参与课外活动情况

学生参与课外活动，如科技创新、文艺比赛等，可以全面反映学生综合素质和能力水平。学校可以通过数字化评价系统记录学生参与课外活动的情况，并将其作为评优评先的参考依据之一。

3. 班级综合素质评价

班级综合素质评价是综合评价班级整体素质的指标，可以从班级卫生、纪律、集体活动等多个方面进行评价。学校可以通过数字化评价系统记录班级综合素质评价的情况，对班级进行评优评先。

4. 教师教学质量评价

教师教学质量评价是评价教师教学水平和教育教学质量的指标，可以从课堂教学、教学方法、教学效果等多个方面进行评价。学校可以通过数字化评价系统对教师教学质量进行评价，并将其作为评优评先的参考依据之一。

5. 学生考试后的成绩提高情况

学生考试后的成绩提高情况,可以反映学生学习能力和自我提升的能力。学校可以通过数字化评价系统记录学生考试成绩和提高情况，并将其作为评优评先的参考依据之一。

6. 教师科研成果和荣誉

教师科研成果和荣誉可以反映教师的学术水平和研究能力。学校可以通过数字化评价系统记录教师科研成果和荣誉情况，并将其作为评优评先的参考依据之一。

以上是一些具体案例，数字化评价中可以用来与学生、班级、教师的评优评先挂钩的指标，这些指标可以单独使用，也可以结合其他指标进行评价，以提高评价结果的客观性和公平性。

（三）为学校教育教学管理提供数据支撑

一套系统的、科学的、全面的数字化评价系统，可以为学校教育教学管理提供数据支撑，帮助学校进行科学决策和精细化管理，提高学校的教育教学质量和管理水平。数字化评价系统主要包括学生学习情况、教师教学情况、教育教学管理效果、学校教研数据等，具体能够反映哪些数据，是由学校建设的功能模块决定的。

四、建立系统的数字化素养与数字化评价的培训

教育部发布的《教师数字素养》（教科信函 [2022]58 号）教育行业标准中提到，教师数字素养，即教师适当利用数字技术获取、加工、使用、管理和评价数字信息和资源，发现、分析和解决教育教学问题，优化、创新和变革教育教学活动所具有的意识、能力和责任。

《教师数字素养》标准包括五个维度，即数字化意识、数字技术知识与技能、数字化应用、数字社会责任、专业发展。

根据《教师数字素养》教育行业标准的定义，数字化素养是一种意识、能力和责任，教师数字化素养培训应从建立教师数字化素养意识，提升教师数字化素养能力，明确教师数字化素养的责任角度出发，开展系列培训任务。

教师数字化培训可以从两方面展开：一是从教师数字化素养意识的角度开展，并在此项培训中明确教师数字化素养责任意识，达到让教师具备利用数字技术发现、分析和解决教育教学问题的能力，具备利用数字化反馈的信息优化、创新和变革教育教学活动的意识和责任；二是从技术角度出发，开展系列培训，让教师具备利用数字技术获取、加工、使用、管理和评价数字信息和资源。

第三章　评价体系的建立与应用

第一节　基于全人成长的评价体系

全人格教育和全人成长的目标是帮助学生得到全面、自我实现、具有社会责任感和参与感、具备良好的人际交往能力以及良好的心理健康。这些目标不仅关乎学生个人的成长，也是建设和谐社会、实现可持续发展的重要基础。我们认为全人格教育和全人成长是教育的重要目标。

沈传标校长将国格、信格、心格、品格、智格、慧格、美格、特格、体格“九格”阐释“全人格”教育的内涵，并提出，国格归于魂，信格归于念，心格归于志，品格归于德，智格归于思，慧格归于悟，美格归于内，特格归于长，体格归于健，如图 3.1.1 所示。在教育评价体系中要具体从哪些角度去呈现，是我们需要重点思考的，在建立相关评价体系时应该多维度进行，具体方面如下。

（一）全面发展

全人格教育和全人成长要求学生在知识、技能、态度和价值观等方面得到全面发展，学生应该在文化、艺术、体育、劳动等多个领域都能够得到充分的发展。

（二）社会责任

全人格教育和全人成长要求学生具有社会责任感和参与感。学生应该了解社会现实，关心社会问题，能够为社会贡献自己的力量。

（三）人际交往

全人格教育和全人成长要求学生具备良好的人际交往能力。学生应该尊重他人、与人合作、学会倾听和表达。

图3.1.1 东华初级中学九格育人体系

(四) 心理健康

全人格教育和全人成长要求学生具有良好的心理健康。学生应该能够理解自己的情感和需要，并学会合理地处理自己的情绪。

(五) 创新能力

全人格教育和全人成长要求学生具有创新能力，能够在实践中发现问题并提出解决方案。

建立评价体系时考虑的维度要科学合理，除以上维度外，还有如身体素质、艺术修养、健全人格等。

一、理论指导

美国科学家霍华德·加德纳在20世纪80年代提出多元智能理论。该理论认为，智力不是一个单一的能力，而是包括多种不同的智能。加德纳最初提出了七种智能，后来又增加到九种，如图 3.1.2 所示。

图3.1.2　加德纳多元智能理论

语言智能：语言的能力，包括口头和书面语言的运用、语言的理解和创造等。

逻辑推理：逻辑思维和数学计算的能力，包括推理、分析、抽象思维、问题解决等。

身体动觉：身体协调和控制的能力，包括身体的协调、运动技能和感官的应用等。

视觉空间：空间感知和形象思维的能力，包括形象化、构图、想象力、空间关系的理解和表达等。

音乐节奏：对音乐的感知、理解和创造的能力，包括乐感、节奏感、和声和旋律的敏感等。

人际交往：对他人的理解和社交交往的能力，包括情感共鸣、人际交往、领导力和解决冲突等。

自知内省：对自己的认知和了解的能力，包括自我意识、情绪管理、自我评价和目标设定等。

自然观察：对自然世界的感知和理解的能力，包括对生物和非生物世界的观察、类比和理解等。

生存哲学：学习和适应新知识和技能的能力，包括学习策略、学习动机、自我监控和评估等。

加德纳多元智能理论涵盖了学生教育的各个层面，在理论上具有非常强的启示性，但在实施过程中存在着较大的实际操作的困难，比如测量和评估问题、教育政策问题、教育评价问题、教学资源问题等。我们结合学校实际工作需求，在加德纳多元智能理论基础上对评价体系和具体指标进行调整，让其在操作性、可量化等方面具有更强的实操意义。

我们将每类指标和学科挂钩，实行不同学科教师评价不司方面的方式。

二、学生评价体系（见表3.1.1）

表3.1.1　评价体系（部分指标）

评价体系	指　标	应用学科	评价体系	指　标	应用学科
语言智能	大声朗读	语文、英语	逻辑推理	优秀数学讲师	数学、物理、化学、信息
	认真预习			课堂专注	
	团队合作			作业优秀	
	思维敏捷			归纳整理强	
	作文之星			作业工整	
	阅读之星			优秀学徒	
	作业优秀			优秀错题本	
	自主学习			数学学霸	
	听写全对			抄袭作业	

续表

评价体系	指　标	应用学科	评价体系	指　标	应用学科
语言智能	积极回答	语文、英语	逻辑推理	课堂不专注	数学、物理、化学、信息
	听课认真			作业质量差	
	坐姿不端			未交作业	
	字迹潦草			上课发呆	
	抄袭作业			作业潦草	
	听写不过关			未整理错题	
	课堂不专注		音乐节奏	乐理扎实	音乐
	背书不积极			主动表演	
	课前准备			表现力强	
身体动觉	动作规范	体育		课堂专注	
	训练认真			丢失课本	
	帮助同学			精力不集中	
	团结合作			上课讲话	
	练习态度懒散			带零食	
	表现消极			乱扔垃圾	
	迟到早退		自然观察	观察力强	生物、地理
	扰乱课堂			探究力强	
视觉空间	工具材料准备	美术		主动求知	
	地面卫生			知识广泛	
	画面完整			作业优秀	
	明暗处理			自主学习	
	构图合理			认真细致	
	较强美感			大声朗读	

续表

评价体系	指　标	应用学科	评价体系	指　标	应用学科
视觉空间	排队秩序差	美术	自然观察	回答积极	生物、地理
	卫生不认真			字迹潦草	
	破坏公物			抄袭作业	
	课堂讲话			课堂准备差	
人际交往生存哲学	组织能力	历史、政治、心理		书写工整	
	人际沟通			动手能力强	
	活动积极		自知内省	自理能力强	班级管理
	合作默契			进步巨大	
	自立自强			勤奋学习	
	阳光向上			字迹工整	
	热爱集体			内务检查优	
	作业认真			宿舍纪律优	
	大声朗读			破坏公物	
	积极回答			不按时就餐	
	课堂专注			携带违禁品	
	活动消极			随意下座位	
	不善合作				
	恃强凌弱				
	男女交往				

评价体系中的指标可以根据实际管理中的需要，在系统后台增加或删减，图 3.1.3 所示为成长指标体系的设置界面。

图3.1.3 成长指标体系设置

三、评价生态闭环系统的建立

在推行数字化教育过程中，需要建立相应的评价生态系统，一套完整、科学、合理的评价系统，不仅包含评价体系的建立、评价指标的设置、服务管理的需求，更核心的应该是在育人中发挥的作用。

建立评价的生态闭环系统，需要依托数字化建立一套数据产生、数据应用、数据衍生的管理链条，让整个数字化管理流通运转起来，打通线上与线下、德育与教学、评价与管理，兼顾过程与结果、个性与共性，如图 3.1.4 所示。

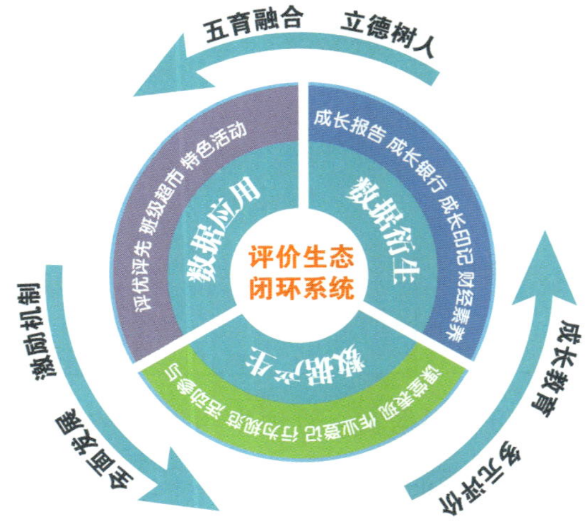

图3.1.4 评价生态闭环系统

（一）评价数据产生

数据产生于对学生学业、行为、表现的评价，对学生的评价在实际教育教学中的范围十分广泛，不能面面俱到，需要对核心、重点关注的点进行评价。

（二）评价数据应用

在数字化实施过程中教师、学生、家长作为重要相关的对象，是否重视数字化评价数据，关键在于数据的应用，即数据要能反映教育教学状况、要能为教育教学提供指导依据、要能与学生和教师的相关评优评价直接关联。

（三）评价数据衍生

要建立一种科学、合理的数字化评价，需要建立一套评价的生态系统。图 3.1.5 是以成长银行为核心，形成的校园评价积分的循环圈，在此过程中，赋予了评价积分更多的意义，让校园活起来，让学生动起来，让激励由内而外地发散，形成正向激励机制，而不是单纯冷冰冰的数字。

图3.1.5 成长银行系统循环圈

四、闭环评价中的应用场景

评价体系在教育教学与德育管理中落地，需要规划科学、合理的应用场景，应用场景的设置应充分考虑在“教”和“育”两种学校教育德育管理线条的场景，这里的“教”主要指的是学校教学线条的场景。

（一）育人场景

育人场景主要指学校德育育人活动的场景，具体包括以下内容。

1. 学生日常行为规范的育人场景

评价实施对象包括德育小组检查、团委学生会检查、生活管理部检查，家校共建四支实施队伍，四支评价队伍涵盖教师对学生的评价、学生干部对学生的评价、生活老师对学生的评价、家长对孩子的评价，评价对象丰富，更加有利于评价数据的公平严谨，如图 3.1.6 所示。

图3.1.6 德育评价实施对象

2. 育人活动的场景

育人活动在日常管理中设置的有针对教育意义的活动，如卫生大扫除、运动会、大型集会、社会实践、公益活动、周末微德育等。

(二) 教学场景

1. 教学评价维度

教学场景中的评价包括过程评价、结果评价、增值评价、综合评价，依托数字化技术，理想状态下，应实现对学生学习行为的分析、知识图谱的分析、学生个人的分析、班级的分析、年级的分析、教师的分析、增值分析，通过大数据，建立不同群体、不同层面的画像，实现精准化教学、精细化管理。

教学场景受限于设施设备、科学技术以及实操等因素较大，如课堂教学过程中的知识点掌握情况的实时反馈，需要依托终端设备，涉及较大成本投入，给此项工作的开展带来较大难度。

2. 教学评价实施

在四类评价中，结果评价以最终结果作为评价依据，具有较强的可操作性，过程性评价、增值评价、综合评价往往存在一定实操难度。在数字化评价模式下，过程性评价、增值评价、综合评价则具有较强的创新和优化空间。

过程性评价可以从以下几个维度开展，见图 3.1.7。

图3.1.7 过程性评价维度

（1）学习纪律评价，主要是课堂学习纪律的评价。

（2）课堂互动评价，主要是对参与课堂互动的评价。

（3）作业登记评价，主要是对日常作业情况的评价。

（4）课堂考勤评价，主要是对学生到班考勤的评价。

过程性评价涉及的数据量较大，评价频次较为频繁，单纯依靠教师评价，实操难度较大，可以采用由教师实施评价、课代表或班干部协助评价记录的方式，既解决了教师评价实操难度大的问题，也给学生互评提供机会。

增值评价可以反映学生进退步的学习情况，一般采用对过程性学习数据对比来实现对学生的评价。数字化模式下可以阶段性地实现对结果性评价的增值情况和过程性评价中的增值情况，实现对学生更全面的评价。

综合评价应包括过程性评价、增值评价和结果性评价，除此之外，还应包含学生的德育表现、个性特长、活动参与等综合评价数据。

在所有评价中，实施对象以及实施过程是难点，在数字化评价模式下，需要多角色进行评价，以实现数据的相对公平和相对严谨，一般由以下几个评价对象实施。

（1）课代表评价，协助班主任和科任老师对学生的学习行为和课堂互动进行评价，由班主任和科任老师设置评分标准，并进行专业培训。

（2）教师评价，教师对学生进行课堂表现评价、作业评价、阶段性评价。

（3）学校评价，学校对班级、对教师评价。

(三) 评价闭环

学校教育就是社会教育的提前演练，教育的最终影响是没有所谓德育与教学的划分，一个完整的人原本就是多元的，评价闭环的主要意义在于将学校中德育与教学的评价实现评价行为设定、评价数据产生、评价结果反馈、评价意见落实的一体化，让德育与教学的评价数据实现综合与互通，建立完整的人的画像，体现全人成长。

在数字化评价模式下，借助成长银行中心的应用，将学生的德育评价数据、教学评价数据以积分形式转化成能量币，德育评价数据和教学评价数据进行各类单项指标评价，能量币作为综合评价指标，实现对学生的多元评价。

第二节　德育评价量表

学校德育育人场景中，从评价对象角度看，主要包含学校对班级的评价、教师对学生的评价、学生对学生的评价、家长对学生的评价这四类评价，所有的育人场景几乎基于这四类评价开展。

本节评价使用场景是由学校对班级和级组进行的评价，该评价是针对集体，而非个人，部分评价指标也涉及学生个人，学生个体作为集体中的一员，评价时除记入学生个人评价外，同时记入班级评价数据。

一、德育小组

德育小组是由老师组成一支管理队伍，主要职责是维护校园中学生安全，对校园中学生的违规违纪行为及时介入评价和管理，确保校园安全。

(一) 管理组织

德育小组归属学校思政部门领导，由年级思政主任任领导小组组长，执行层面设置德育小组长，负责常规工作安排与日常管理过程跟踪。

(二) 评价量表

评价量表是依据学校实际管理中需要关注或解决的问题而设置，是为学校管理服务，为教育教学服务，为学生行为习惯培养服务的，表 3.2.1 是德育小组使用的评价量表。

德育评价量表中的评价数据是针对班级进行的，对于能够直接具体到学生个体且可操作性强的项目，则在评价班级的同时，关联到学生个人，并记入该学生相应的评价指标中，评价指标来自表 3.1.1 中评价体系。

表3.2.1 德育评价量表

指标名称	子 指 标	类型	最高加/扣分	积分指标
小卖部	乱丢乱扔	扣分项	1	破坏卫生
	零食带离	扣分项	1	
文明礼貌	大声喧哗	扣分项	1	影响他人
	不文明用语	扣分项	1	
	追逐打闹	扣分项	1	乱跑打闹
	着装不得体	扣分项	1	着装不得体
	拾金不昧	加分项	2	拾金不昧
课间餐	奔跑插队	扣分项	2	不遵守列队规则
	乱丢乱扔	扣分项	1	破坏卫生
	组织有序	加分项	1	
每日一歌	组织有序	加分项	1	
	嘈杂吵闹	扣分项	2	不遵守课间规则
	未组织每日一歌	扣分项	1	
眼保健操	眼保健操规范	加分项	1	
	眼保健操不规范	扣分项	1	
卫生情况	干净整洁	加分项	1	
	卫生有待改进	扣分项	1	
	公共卫生差	扣分项	1	
大课间	组织有序	加分项	1	
	拖拉懒散	扣分项	2	
	体育部成员到岗	加分项	1	

续表

指标名称	子　指　标	类型	最高加/扣分	积分指标
食堂就餐	未就餐	扣分项	1	不遵守就餐规则
	就餐插队	扣分项	2	不遵守就餐规则
	浪费食物	扣分项	2	
	乱扔餐具	扣分项	2	
	食堂内边走边吃	扣分项	2	
	餐桌未清理	扣分项	1	
	外卖进校园	扣分项	2	
	跨年级就餐	扣分项	2	
仪容仪表	头发不合格	扣分项	1	头发不合格
	指甲不合格	扣分项	1	指甲不合格
升旗仪式	迟到	扣分项	1	
	歌声洪亮	加分项	1	
	国旗班表扬	加分项	2	
活动评比	黑板报评比	加分项	1	
	卫生大扫除	加分项	8	
	十佳歌手	加分项	5	
	运动会比赛	加分项	8	
	三操评比	加分项	8	

以上德育评价量表涵盖了校园管理中的大部分场景，可以根据实际管理需要进行增减，相关的评价通过系统后台可以十分便捷地进行设置，图 3.2.1 所示为设置评价体系的相关功能。

图3.2.1　设置评价体系

二、生活管理部

生活管理部是管理学生宿舍的一个团队，由专门的生活老师组织，负责对学生在宿舍中的卫生、纪律、安全等方面进行教育、评价和管理，在学校管理层级中隶属学校思政部门，所评价数据纳入班级德育量化评比中。表3.2.2是生活管理部的评价量表，可以根据实际需要，通过系统后台进行优化和调整。

表3.2.2　生活管理部评价量表

指标名称	子　指　标	类型	最高加/扣分	积分指标
纪律	休息时间讲话	扣分项	2	宿舍纪律较差
	休息时间洗漱	扣分项	2	不遵守作息规则
	休息时间喧哗	扣分项	5	吵闹影响他人休息
	违规使用手电筒	扣分项	5	宿舍纪律较差
	起哄吵闹	扣分项	5	吵闹影响他人休息
	恶意不文明语言	扣分项	5	
	破坏公物	扣分项	5	破坏环境公物

续表

指标名称	子　指　标	类型	最高加/扣分	积分指标
卫生	未打扫宿舍卫生	扣分项	2	宿舍卫生较差
	卫生打扫不彻底	扣分项	2	宿舍卫生较差
	垃圾未扔	扣分项	2	宿舍卫生较差
	物品摆放不整齐	扣分项	2	生活习惯差
	床铺整理比较差	扣分项	2	生活习惯差
违禁品	违规携带违禁书	扣分项	2	携带违禁品
	携带管制刀具	扣分项	5	携带违禁品
	携带电子产品	扣分项	5	携带违禁品
	携带烟酒打火机	扣分项	5	携带违禁品
宿舍大扫除	质量反馈	加分项	8	
设施设备	电器未关闭	扣分项	1	
	柜子未上锁	扣分项	1	

三、团委学生会

团委学生会作为学生群体，对学生在校期间的各项行为进行检查，检查的内容与德育小组和生活管理部的相同。为保证数据尽可能科学、严谨，需要对学生干部的评价做适当规范，如降低评价分值、降低评价频次，其目的是适当降低评价权重，避免学生干部的评价权重过高，影响评价的客观公正。

四、管理数据分析与反馈

德育小组、生活管理部、团委学生会三组评价数据作为对班级考核的重要指标，在管理中需要对评价数据进行分析与反馈，达到管理的实效。在数字化管理机制下，数据可以做到高效统计，快速反馈。

在分析和反馈环节中需要从班级、评价人、评价指标三个维度进行分析。

（一）班级维度

班级维度反映的是一个班级的管理情况，需要班主任跟进处理的相关评价情况，需要关注的是班级管理中存在的问题，需要及时进行干预或跟踪处理。图 3.2.2 是班级维度数据。

班级值周　值日任务　量表配置　量化统计　权限配置

班级名称	教学巡查	德育巡查	生活管理部	综合得分	获得勋章	操作
初一51班	12	3	0	115	37	查看
初一59班	12	3	0	115	28	查看
初一60班	12	-2	0	110	25	查看
初一53班	13	-2	-2	109	28	查看
初一52班	10	1	-3	108	32	查看
初一57班	10	-2	-1	107	30	查看

图3.2.2　班级维度数据

（二）评价人维度

评价人维度反映的是评价实施老师的评价数据，需要学校干部跟进了解的数据，主要关注的是数据公平、评价人工作职责落实情况。对工作职责落实不到位的老师，需要管理干部及时介入干预，对数据公平存疑的要了解情况，确保数据公平，如图 3.2.3 所示。

班级值周　值日任务　量表配置　量化统计　权限配置

其 6次　　其 -1分
丰 1次　　丰 0分
英 4次　　英 0分
敏 6次　　敏 -2分
平 2次　　平 0分
燕 1次　　燕 -2分

图3.2.3　评价人维度数据

（三）评价指标维度

评价指标维度数据反映的是评价信息，详细记录了评价班级、评价结果、登记人、评价时间以及相关图片、视频记录，便于班主任或学校干部跟进，如图 3.2.4 所示。

数据反馈途径需要支持 Web 端和移动端两种方式，受限于设备，不同的展示端展示的方式和信息量有所不同。图 3.2.5~ 图 3.2.7 是移动端展示的评价信息。

班级值周　值日任务　量表配置　量化统计　权限配置

班级	登记项	登记结果	登记人	登记时间	登记附件
初一57班	餐桌未清理	继续努力-1		2024/01,16 07:31	餐桌未清理 暂无附件
初一53班	零食带离	继续努力-1		2024/01 11 20:17	零食带离
初一54班	零食带离	继续努力-1		2024/01/11 18:17	零食带离 暂无附件
初一54班	零食带离	继续努力-2		2024/0 /10 18:12	零食带离 暂无附件
初一58班	零食带离	继续努力-1		2024/0 /10 17:29	零食带离 暂无附件
初一51班	餐桌未清理	继续努力-1		2024/01/09 18:24	餐桌未清理 暂无附件

图3.2.4　评价指标维度数据

图3.2.5　过程性勋章激励

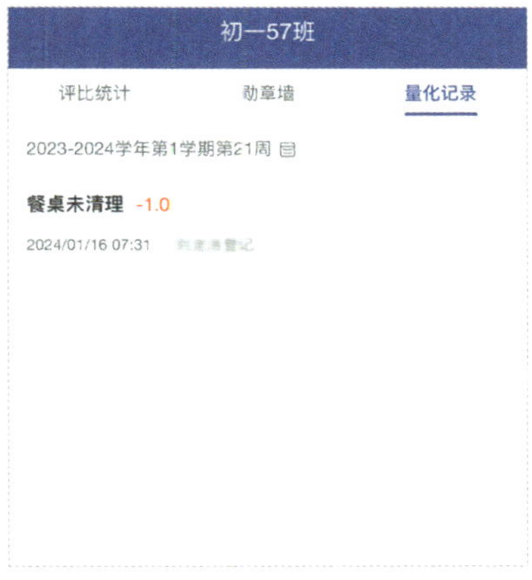

图3.2.6　评价指标数据

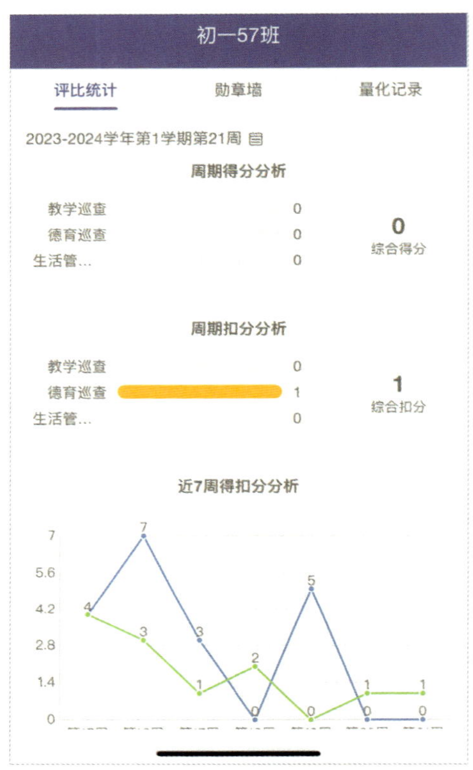

图3.2.7 移动端数据反馈

五、科学有效地提取关键数据

借助大数据，可以形成海量且十分详细的数据，要精准提取管理中所需要的数据，分析数据的大的原则是，要解决什么问题，就应提取和分析什么数据，避免沉没在数据的海洋中，迷茫不知所措。

例如，需要关注管理中哪些现象比较严重，就要提取评价指标的数据；需要关注这些严重现象的指标分布在哪些班级，就应在提取数据时把指标数据连同所关联的班级一起提取。表 3.2.3、表 3.2.4 是分别提取的指标数据排行和严重问题的班级分布情况，这些数据即是从大数据中提炼出来的。

表3.2.3 评价指标数据分析（部分数据）

指　标	登　记　项
食堂就餐	-27
活动评比	-8
文明礼貌	-7
仪容仪表	-3
小卖部	-2
升旗仪式	-1
眼保健操	4
大课间	10
每日一歌	10
卫生情况	18

表 3.2.3 反映出“食堂就餐”指标的评分最低，这个数据就是需要引起关注的一个点。要追查这个问题，就要关注到分布在哪些班级，就需要提取“食堂就餐”指标数据的班级分布情况，表 3.2.4 是该数据的情况。

表3.2.4 指标班级数据分布

班　级	一级指标	二级指标	登　记　项	评　价　项
初一54班	德育巡查	食堂就餐	餐桌未清理	-6
初一57班	德育巡查	食堂就餐	餐桌未清理	-3
初一55班	德育巡查	食堂就餐	餐桌未清理	-3
初一53班	德育巡查	食堂就餐	餐桌未清理	-3
初一52班	德育巡查	食堂就餐	餐桌未清理	-2
初一60班	德育巡查	食堂就餐	餐桌未清理	-1
初一56班	德育巡查	食堂就餐	就餐坐姿不端正	-1
初一59班	德育巡查	食堂就餐	就餐坐姿不端正	-1

续表

班 级	一级指标	二级指标	登 记 项	评 价 项
初一55班	德育巡查	食堂就餐	就餐坐姿不端正	-1
初一51班	德育巡查	食堂就餐	餐桌未清理	-1
初一57班	德育巡查	食堂就餐	食堂内边走边吃	-1
初一54班	德育巡查	食堂就餐	就餐坐姿不端正	-1
初一60班	德育巡查	食堂就餐	就餐坐姿不端正	-1
初一55班	德育巡查	食堂就餐	食堂内边走边吃	-1
初一57班	德育巡查	食堂就餐	乱扔餐具	-1

数字化评价的目的是提高管理效率，直指问题的具体细节，以便于班主任或学校管理层能够根据数据及时地对管理策略做出有针对性的调整。

第三节　班级建设管理

本节评价使用场景主要针对班主任班级管理，将班主任在班级日常管理中的各项管理措施进行数字化，借助数字化工具将过程性管理记录下来，通过平台生成每个学生的画像。班级管理中的各项数据指标即作为学生多元评价的主要依据，同时通过班级管理大数据实现对班级管理状况精准问诊，实现高效管理。

一、评价指标的建立

在现实场景中的班级管理主要包括学生行为表现和课堂表现，其中行为表现涵盖的场景较多，如纪律、卫生、品德等，涉及的管理细节较为复杂，我们将班级管理所有行为做一个粗略归类，即日常表现、课堂表现、行为表现、课堂考勤、具体如下。

(一) 日常表现

日常表现用于评价学生日常校园生活中的各种行为，包括好人好事、班干部表彰、校园活动获奖、阅读之星等加分项，也包括破坏卫生、随便插队、浪费粮食等减分项，此类评价倾向于学生行为习惯类的评价（见表 3.3.1）。

表3.3.1 日常表现评价指标（部分）

指标名称	单次得分	指标分类及应用场景	行为评价分
早晚读自律强	1.0/单次	教学表现→正面指标	未纳入行为评价
早晚读自律差	-1.0/单次	教学表现→负面指标	未纳入行为评价
值日班干部	5.0/单次	德育表现→正面指标	未纳入行为评价
活动参与积极	1.0/单次	德育表现→正面指标	未纳入行为评价
活动积极	1.0/单次	教学表现→正面指标	未纳入行为评价
活动消极	-1.0/单次	教学表现→负面指标	未纳入行为评价
团队合作差	-1.0/单次	德育表现→负面指标	未纳入行为评价
团队合作默契	1.0/单次	教学表现→正面指标	未纳入行为评价
排队秩序差	-1.0/单次	教学表现→负面指标	未纳入行为评价
带零食入教室	-2.0/单次	德育表现→负面指标	未纳入行为评价
乱扔垃圾	-1.0/单次	德育表现→负面指标	未纳入行为评价
推搡打闹	-2.0/单次	德育表现→负面指标	未纳入行为评价
内务检查优秀	1.0/单次	德育表现→正面指标	未纳入行为评价
组织能力强	1.0/单次	德育表现→正面指标	未纳入行为评价
辱骂他人	-1.0/单次	德育表现→负面指标	纳入行为评价
携带违禁品	-5.0/单次	德育表现→负面指标	纳入行为评价
班干工作表彰	1.0/单次	德育表现→正面指标	纳入行为评价

日常表现评价指标可以根据实际需要进行调整和优化。

（二）课堂表现

课堂表现主要用于记录学生课堂中的学习习惯、学习状态、参与行为等信息，包括课堂专注、主动回答、书写认真、参与积极等加分项，也包括课堂不专注、书写潦草、扰乱课堂纪律等减分项（见表 3.3.2）。课堂表现的数据结合学业成绩构成了学生学业方面的完整画像。

表3.3.2 课堂表现评价指标（部分）

指标名称	单次得分	指标分类及场景	对应学科
动作规范标准	1.0/单次	身体动觉→个人练习	体育
帮助同学练习	1.0/单次	身体动觉→团队合作	体育
表达清晰流畅	1.0/单次	言语语言→语文英语	语文英语
积极回答	1.0/单次	言语语言→语文英语	语文英语
听写全对	1.0/单次	言语语言→语文英语	语文英语
想象力丰富	1.0/单次	视觉空间→想象力	美术
设计感有待提升	-1.0/单次	视觉空间→设计力	美术
主动表演	1.0/单次	音乐节奏→表现力	音乐
音色好	1.0/单次	音乐节奏→音色	音乐
归纳推理能力强	1.0/单次	逻辑推理→数理化信	数物化信
课堂专注（理科）	1.0/单次	逻辑推理→数理化信	数物化信
积极回答（地生）	1.0/单次	自然观察→地生	地理生物
主动求知	2.0/单次	自然观察→科普知识	地理生物
课堂专注（政史）	1.0/单次	生存哲学→课堂表现	道法历史
大声朗读（政史）	1.0/单次	生存哲学→课堂表现	道法历史

在实际的课堂管理评价中涉及的指标比较具体，表 3.3.2 仅列举其中一部分，我们以加德纳多元智能理论一级指标为基础，将二级指标划分到学科，

将三级指标添加到二级指标类别中实施。

(三) 行为表现

行为表现主要用于评价学生在校园生活中情节较为严重的违纪情况，主要用于及时预警，以便学校管理者及时干预，包括携带违禁品、打架斗殴、传播不良信息等行为，如表 3.3.3 所示。

表3.3.3　行为表现评价

指标名称	单次得分	指标分类及应用场景	行为评价分
优秀志愿者	3.0/单次	德育表现→正面指标	纳入行为评价
传播不良信息	-5.0/单次	德育表现→负面指标	纳入行为评价
打架斗殴	-5.0/单次	德育表现→负面指标	纳入行为评价
破坏公物	-5.0/单次	德育表现→负面指标	纳入行为评价
班干工作表彰	1.0/单次	德育表现→正面指标	纳入行为评价
辱骂他人	-1.0/单次	德育表现→负面指标	纳入行为评价
携带违禁品	-5.0/单次	德育表现→负面指标	纳入行为评价
好人好事	-1.0/单次	德育表现→正面指标	纳入行为评价
制止不良信息	1.0/单次	德育表现→正面指标	纳入行为评价
拾金不昧	3.0/单次	德育表现→正面指标	纳入行为评价
拾金恶意占为己有	-3.0/单次	德育表现→负面指标	纳入行为评价
积极参与班级建设	5.0/单次	德育表现→正面指标	纳入行为评价

行为评价中的指标与其他指标唯一不同之处是该指标在添加时纳入了行为评价，作为判断学生品行的重要参考指标，尤其对于可能存在重大安全隐患或危险动作的行为进行过程性记录，当行为评价中达到预警值时，系统自动对班主任或年级主任进行警示，及时介入班级或学生管理中。

如图 3.3.1 所示，学校管理者可以根据实际需要设置初始积分、预警值、警示值等重要警示参数。

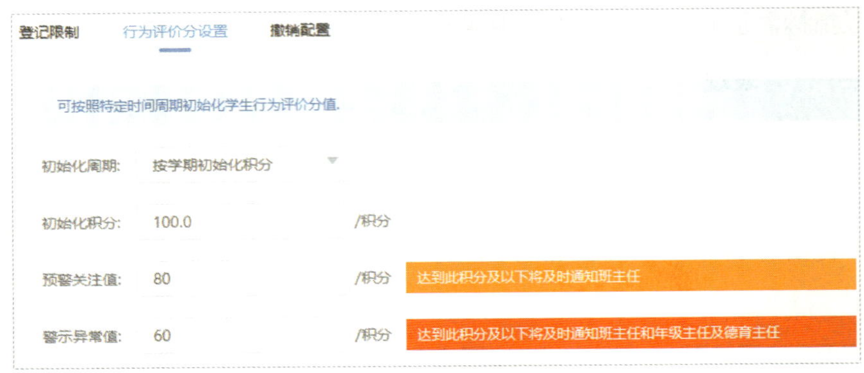

图3.3.1 行为评价预警机制

在学校的评优评先中，行为表现评价也可以作为重要的参考指标。

(四) 课堂考勤

课堂考勤用于记录学生时间观念，主要考核信息有正常、缺勤、迟到、早退、迟到＋早退、请假六种情况，分别给予不同的评价，如表 3.3.4 所示。

表3.3.4 课堂考勤评价

指标名称	指标得分	登记指标描述
正常	0.0/单次	按时到校上课
缺勤	-2.0/单次	没经过请假不到校上课
迟到	-1.0/单次	上课上学迟到
早退	-1.0/单次	无故上学早退
迟到+早退	-2.0/单次	上课不仅迟到且无故早退
请假	0.0/单次	请假未上课

课堂考勤学校可以根据实际情况开启或关闭某些考勤指标。课堂考勤涉及学生的安全，系统提供更多安全设置，学校可以根据实际情况选择开启或关闭，如图 3.3.2 所示。

图3.3.2 课堂考勤结果推送

二、评价方案的设置

为了让评价实施更加便利，我们将加德纳多元智能理论的九个维度分别赋予不同学科实施，建立不同的评价方案，如图 3.3.3 所示。

以语文、英语评价方案为例，可以对不同的评价方案根据需要优化指标和指标评价权重，如图 3.3.4 所示。

语文、英语评价方案

此评价方案为学科素养

协同管理人：

数理化信息评价方案

此评价方案为学科素养

协同管理人：

历史、政治、心理

此评价方案为学科素养

协同管理人：

生物、地理评价方案

此评价方案为学科素养

协同管理人：--，包含指

音乐评价方案

此评价方案为学科素养

协同管理人：

体育学科方案

此评价方案为学科素养

协同管理

美术学科评价方案

此评价方案为学科素养

协同管理人：

班级德育方案

此评价方案为德育常规

协同管理人：班主任，包

图3.3.3 八套评价方案

方案简介　教师应用分析　学生成长分析

全部表现　日常表现　课堂表现

指标	类别	分值	应用次数	积分	操作
大声朗读	教学表现->日常表现	1.0/单次	应用8013次	未纳入行为评价积分	移除 编辑 排序
作文之星	教学表现->日常表现	1.0/单次	应用841次	未纳入行为评价积分	移除 编辑 排序
阅读之星	教学表现->日常表现	1.0/单次	应用432次	未纳入行为评价积分	移除 编辑 排序
认真预习	教学表现->日常表现	1.0/单次	应用1287次	未纳入行为评价积分	移除 编辑 排序

图3.3.4　语文、英语评价方案（部分指标）

通过图 3.3.4 评价方案可以非常直观地看到每个评价指标的 使用频率，同时可以对教师的应用和学生的行为做出分析。

(一) 教师应用分析

教师应用分析主要用于跟踪教师对数字化评价实施的落实情况，以及数据的关注情况，确保评价的数据尽可能严谨与科学，最大限度地保证数据的公平、公正，如图 3.3.5 所示。

方案简介　教师应用分析　学生成长分析

教师实施分析　教师范围：当前引用　时间范围：按周查询　2023-2024学年　2023-2024第一学期　请选择周

姓名	所教班级	周期评分	累计评分	操作
[illegible]	初一53班	2081	2112	详情
杨	初一51班,初一59班	1704	1717	详情
程	初一58班,初一57班	1060	1060	详情
张	初二60班,初二56班	681	3614	详情
徐	初一53班,初一54班	644	2792	详情
周	初二59班,初二60班	638	638	详情

图3.3.5　教师应用分析（部分数据）

借助大数据，可以更加具体地了解老师使用的具体指标以及频次维度，以便了解老师在课堂教学中关注的重点问题，如图 3.3.6 所示。

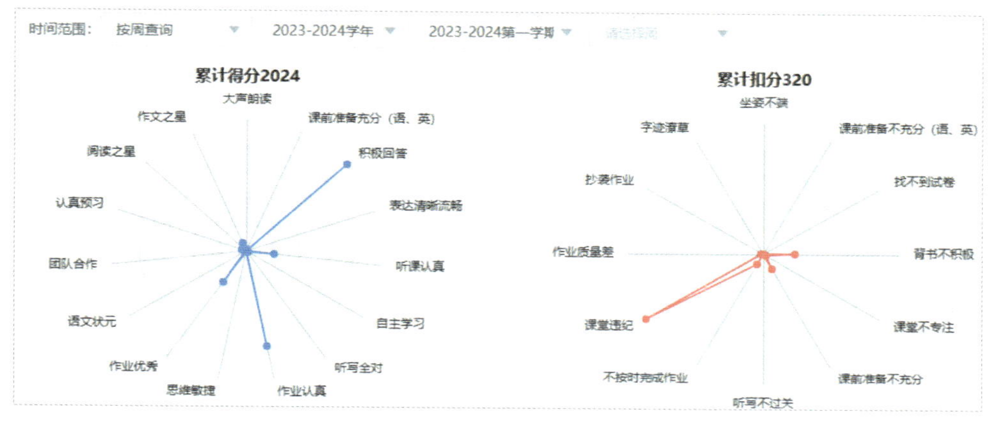

图3.3.6 教师应用分析

(二) 学生行为分析

学生行为分析反映的是学生在本学科课堂中的表现，便于班主任和科任老师及时了解学生学习行为和学习习惯的情况，如图 3.3.7 所示。

方案简介 教师应用分析 学生成长分析

学生成长分析 时间范围： 按周查询 2023-2024学年 2023-2024第一学期 范围： 全部 导出

班型 行政班 课程班 教学班

年级 全部 初一 初二 初三

姓名	字迹潦草	抄袭作业	作业质量差	课堂违纪	不按时完成作业	听写不过关	课前准备不充分	课堂不专注	背书不积极	找不到试卷	课前准备充分（语、英）	课前准备不充分（语、英）	累计总积分	操作
[illegible]	0	0	0	-3	0	0	0	-1	0	0	3	0	110	详情
[illegible]	0	0	-1	-3	0	0	0	-1	-2	-2	3	0	109	详情
[illegible]	0	0	-1	0	0	0	0	0	0	0	0	0	106	详情

图3.3.7 学生行为分析（部分数据）

借助大数据，可以了解到学生在各个学科上的课堂表现情况，结合学生的学业成绩，可以描绘出学生在学业方面的完整画像，如图 3.3.8 所示。

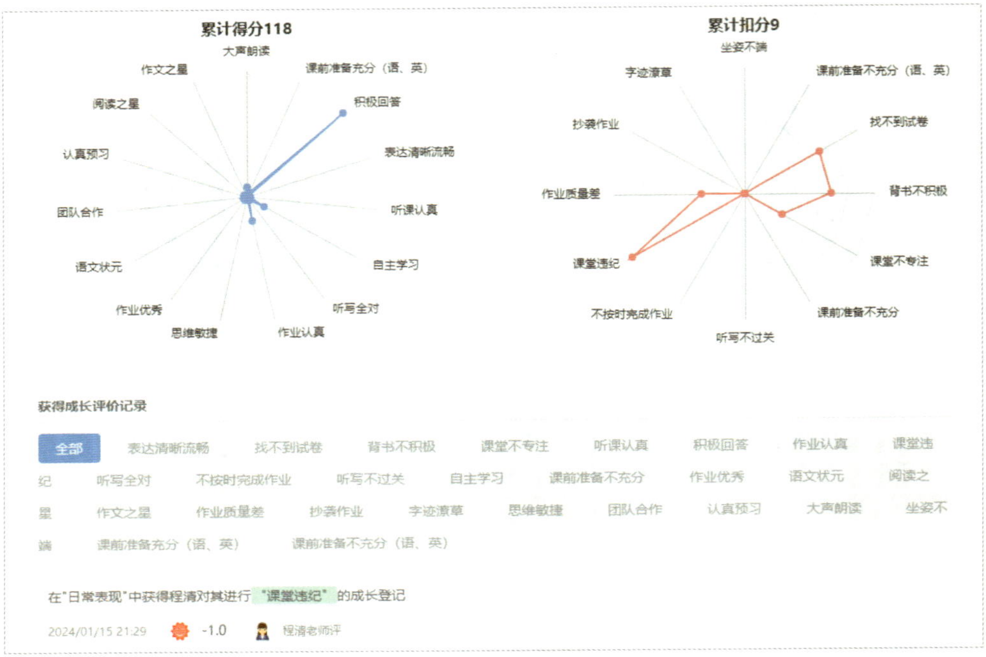

图3.3.8 学生评价指标分析

三、评价体系与指标的规划

评价体系系统内置了部分指标，但诸多指标在实际执行时难度较大，导致实际操作性不强，因此需要评价体系系统支持学校或教师自定义指标，这就对指标的归类、设置提出了要求。为确保数据的精准、科学，在添加指标时需要认真分析指标的类别归属和命名。

(一) 一级指标

图 3.3.9 为加德纳多元评价的三级指标，在建立指标时需要按照评价方案与学科的挂钩规则来设置，如语文、英语学科需要添加的指标应将其添加到“言语语言”一级指标下。

图3.3.9 指标体系的建立

（二）二级指标

二级指标可根据本学科特点或实际情况进行设置，如语文学科的表达能力、写作能力、阅读能力、诵读能力等。

（三）三级指标

三级指标是评价用到的指标，根据三级指标的使用场景，将指标分为教学表现、德育表现、体育表现三类，涵盖德智体美劳五育并举的评价思路；根据指标的使用场所，又分为日常表现和课堂表现。

在图 3.3.10 所示指标场景中，有如下几个方面。

图3.3.10 评价指标的场景选择

- 教学表现方面的指标，应选择教学表现，如课堂积极活跃等。
- 德育表现方面的指标，应选择德育表现，如拾金不昧等。
- 体育表现方面的指标，应选择体育表现，如不按要求参加课间操等。
- 课堂表现方面的指标，应选择课堂表现，如积极参与课堂讨论等。
- 日常表现方面的指标，应选择日常表现，如不爱卫生等。

当添加指标时，既需要在“教学表现”“德育表现”“体育表现”中三选一，也需要在“课堂表现”和“日常表现”之间二选一，是一个双重选择的规则，要尽可能地保证指标的归类科学、严谨，形成的大数据才会更加科学、严谨。

四、行为评价指标

在本节前文“行为评价”中提到，行为评价是比较特殊的一类指标，主要涉及对学生品行、安全行为等信息的评价，一般会作为对学生评优评先的重要参考指标，也是对学生行为习惯、品德培养、安全保障的一个预警指标，在建立指标时需要进行专门设置。

在图 3.3.10 中有一个附加选项“行为评价”，勾选后，会将该评价结果纳入学生行为评价表现积分，该指标也将自动列入图 3.3.11 所示行为评价指标清单。

日常表现　课堂表现　行为评价　作业登记　课堂考勤　家庭登记

为了方便统计和分析，请面向全校定义考勤项，所有登记项为全校统一的登记项。每一项登记项中的登记分和登记描述，每个老师可以根据自身情况进行自定义修改。

选中允许教师进行自定义管理个人登记面板的登记指标　选中允许教师进行按需创建登记指标到指标库

指标列表　+ 添加

指标名称	单次得分	登记次数	指标分类及应用场景	行为评价分			
优秀志愿者	3.0/单次	应用180次	德育表现->正面指标	纳入行为评价积分	移除	编辑	同步
传播不良信息	-5.0/单次	应用34次	德育表现->负面指标	纳入行为评价积分	移除	编辑	同步
打架斗殴	-5.0/单次	应用100次	德育表现->负面指标	纳入行为评价积分	移除	编辑	同步
影响他人	-2.0/单次	应用5292次	教学表现->负面指标	纳入行为评价积分	移除	编辑	同步

图3.3.11　行为评价指标清单

五、班级管理评价方案

在图 3.3.3 的八套评价方案中，有一套未与学科挂钩，专门为班级管理建立的评价方案为班级管理评价方案，本套方案专门为班主任而设，面向班主任群体推送，其指标涉及班主任班级管理的方方面面，是所有评价方案中评价指标最为丰富的一组评价方案，也是所有评价方案中使用最为频繁的。因为班级管理方案更倾向学生行为习惯、德育教育，所以该套方案中的指标主要集中在加德纳多元评价方案中的“自知内省”维度中。

班级管理评价方案是班级管理的重要抓手，班主任和学校管理者可以利用评价数据有效地加强班级管理。之所以单独将本套方案提出来，是因为班级管理方案在班级制度建立、班级风气营造、班级学风培养方面具有十分重要的作用（见图 3.3.12）。

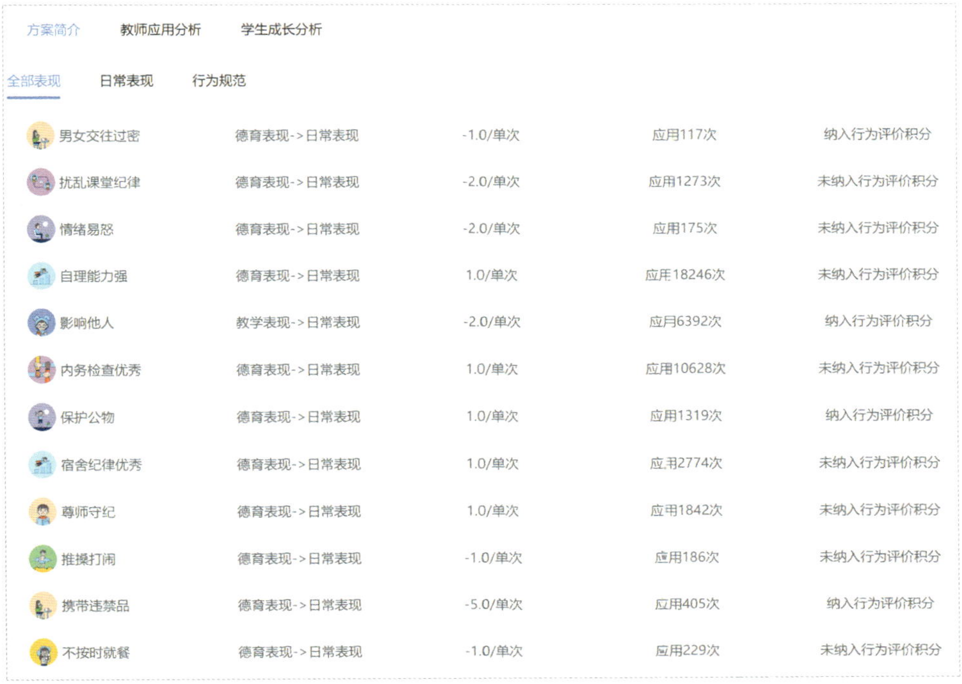

方案简介　教师应用分析　学生成长分析

全部表现　日常表现　行为规范

男女交往过密	德育表现->日常表现	-1.0/单次	应用117次	纳入行为评价积分
扰乱课堂纪律	德育表现->日常表现	-2.0/单次	应用1273次	未纳入行为评价积分
情绪易怒	德育表现->日常表现	-2.0/单次	应用175次	未纳入行为评价积分
自理能力强	德育表现->日常表现	1.0/单次	应用18246次	未纳入行为评价积分
影响他人	教学表现->日常表现	-2.0/单次	应用6392次	纳入行为评价积分
内务检查优秀	德育表现->日常表现	1.0/单次	应用10628次	未纳入行为评价积分
保护公物	德育表现->日常表现	1.0/单次	应用1319次	纳入行为评价积分
宿舍纪律优秀	德育表现->日常表现	1.0/单次	应用2774次	未纳入行为评价积分
尊师守纪	德育表现->日常表现	1.0/单次	应用1842次	未纳入行为评价积分
推搡打闹	德育表现->日常表现	-1.0/单次	应用186次	未纳入行为评价积分
携带违禁品	德育表现->日常表现	-5.0/单次	应用405次	纳入行为评价积分
不按时就餐	德育表现->日常表现	-1.0/单次	应用229次	未纳入行为评价积分

图3.3.12　班主任班级管理评价方案（部分指标）

第四节 作 业 登 记

日常作业反映的是学生过程性学习的情况，期中、期末成绩作为结果性评价，是目前普遍使用的评价学生学习情况的一种考核方式，这种评价方式是相对比较有说服力的。对很多有经验的教师来讲，他们同样看重学生过程性的学习情况，这更科学、全面地反馈学生的真实情况，如学习习惯、课堂反馈、日常作业等。

一、登记范畴标准统一

在现实的教育教学场景中，作业频次较大，实时登记会给教师带来一定难度，需要从学校角度进行统一规范，以便能够呈现较为科学严谨的数据，主要从以下几个角度规范。

(一) 登记的标准

以学科组为单位，明确哪种类型的作业具有评价价值，避免作业登记数据敷衍，流于形式；明确评价的标准，如评价等级和评价分值，如表 3.4.1 所示；音乐、体育、美术、信息技术等学科可以以周为单位，记录如周末体育运动、手工绘画、唱歌表演等内容。

表3.4.1 作业登记评价标准

评价标准	评价分值
优秀继续保持	2
良好继续加油	1
有待努力	0
未完成作业	-1

(二) 登记的频次

以学科组为单位，明确作业登记的频次，如每周 1 次，或每周 2 次，不同的学科组可以有不同的标准，如语、数、英的频次可以适当增高，音、体、美、信的频次可以降低，如表 3.4.2 所示。

表3.4.2　作业登记频次

学　科	单　位	频　次
语文	周	2.5次
数学	周	2.5次
英语	周	2.5次
物理	周	1.5次
化学	周	1.5次
历史	周	1次
地理	周	1.5次
生物	周	1.5次
音乐	月	1次
体育	周	1次
美术	月	1次
信息技术	月	1次

作业登记也可以根据年级情况再细化，适当对频次进行优化，不同年级实行不同的登记频次。

（三）登记的方法

作业登记由教师批阅，在批阅时可按照表 3.4.1 作业登记标准，将作业分为优秀继续保持、良好继续加油、有待努力、未完成作业四类，由课代表在课余时间协助完成。为了尽量提高效率，节约时间，收作业和批阅作业时，可以按照学号排序。图 3.4.1 为作业登记界面。

图 3.4.1 作业登记界面

二、登记数据分析

作业登记不仅是作为学生过程性学习评价的一部分，同时也是在教育教学过程中跟进学生过程性学习的重要参考数据，通过学生的作业登记情况，反映出学校、年级、班级的学生过程性学习情况。

将作业登记和学习习惯作为反映学生过程性学习的晴雨表，需要达到两个条件：一是作业登记的规范化要落实到位；二是作业登记的数据反馈要做好跟进。

推进作业登记大数据的建立，首先要做好两方面的工作：一是教师作业登记的习惯培养和规则要求；二是对教师作业登记的规范进行跟进，确保数据规范、严谨。

在落实好教师作业登记规范的前提下，才能通过大数据分析学生的作业登记真实情况，因此，作业登记大数据需要从学科、教师和学生三个维度进行分析。

（一）学科维度

从学科维度，作业登记数据如图 3.4.2 和图 3.4.3 所示。

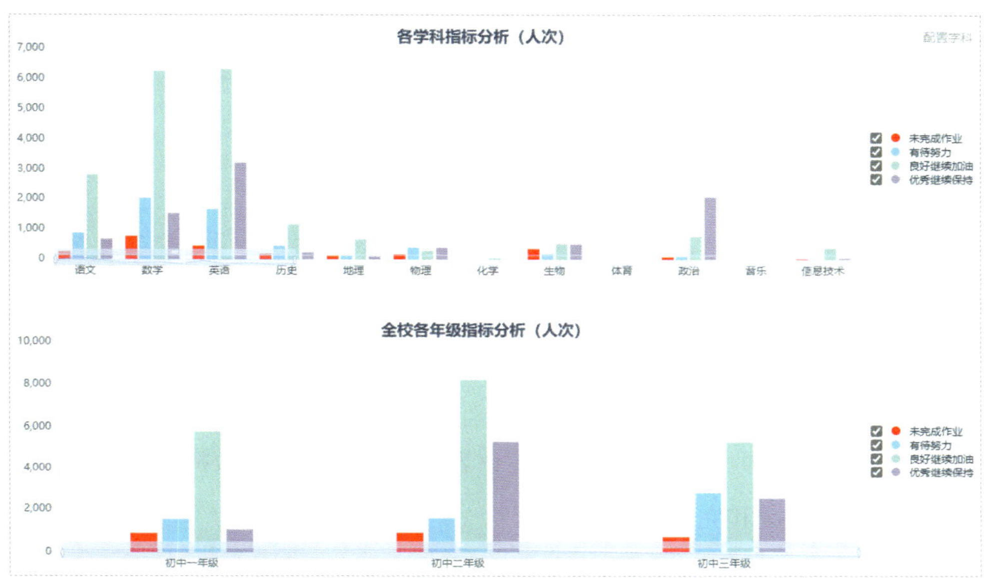

图 3.4.2　学校各学科、各年级作业登记数据

全部班级　按全部学科　按各年级学科　按人员

导出

学科	登记次数
初中一年级	179
语文	33
数学	57
英语	61

图 3.4.3　具体到年级各学科作业登记数据

(二) 教师维度

教师维度可以从多个角度反映作业登记的落实情况。表 3.4.3 是教师评价统计表。

表3.4.3　教师评价统计表

教师	学科	登记次数	未完成作业	有待努力	良好继续加油	优秀继续保持
张老师	英语	4	14	176	172	82
唐老师	语文	3	8	25	111	23
阮老师	数学	3	0	19	91	57
曾老师	数学	3	19	21	118	8
何老师	语文	8	67	224	83	73

图 3.4.4 是教师登记记录表，通过该表可以详细地看到教师登记的具体情况，包括完成情况和完成率等数据。

教师登记记录

导出

作业名称	登记学科	班级	登记人	应完成	未登记	已登记	未完成作业	有待努力	良好继续加油	优秀继续保持	完成率	
2024年1月11日初三56作业登记	英语	初三56	[illegible]	50	0	50	0	2	4	44	100%	详情
2024年1月11日初二58班作业登记	物理	初二58班		55	47	8	0	0	8	0	100%	详情
2024年1月9日初二59班作业登记	生物	初二59班	[illegible]	48	0	48	11	3	0	34	77.1%	详情
2024年1月9日初三56作业登记	英语	初三56	肖[illegible]	50	0	50	1	0	4	45	98%	详情

图 3.4.4　教师登记记录表

(三) 学生维度（班级维度）

通过图 3.4.5 所示内容可以详细地看到各班同学各个学科作业的完成情况，年级、班主任可以有针对性地做跟进。

初中一年级未完成作业人员名单 按学期查询 2023-2024学年 2023-2024第一学期 全部 导出

累计未完成作业 888 人次

学号	姓名	班级	学科	学科未完成作业次数	未完成作业/总布置	总次数	操作
26055	胡楹	初一6	英语	1	2/13	2	【详细】
			数学	1			
26054	陈瑾	初一6(	数学	1	1/13	1	【详细】
26050	王瑜	初一6	数学	1	1/13	1	【详细】
26047	陈任	初一6	政治	1	2/13	2	【详细】
			数学	1			

图 3.4.5 学生完成情况

通过学科维度、教师维度、学生维度，构成了跟进学生作业登记的准确的数字化报告。当前作业登记在登记录入环节还处于人工状态，目前也已有一些硬件设备支持批阅作业并生成数据分析的功能，有条件的学校也可以使用硬件设备批阅，在提高效率、节约人力的方面会有更大的优势。

第五节　家长评价

一、反馈意义

《中华人民共和国家庭教育促进法》的颁布实施凸显了当前家庭教育的重要性，学校、家庭、社会构成了影响今天教育三大重要元素，家校共建成为当今教育的共识，借助数字化，可以在某些家校共同关注的点加强教育效果。学校有学校教育的责任，家庭有家庭教育的义务，我们节选其中部分在教育中的痛点或薄弱环节进行家校共建。

二、指标设置

节选部分关键信息，由家长对孩子展开评价，主要涉及以下指标信息（见表 3.5.1）。

表 3.5.1 家长登记指标

指标名称	单次得分	指标分类及场景
家务劳动	-1/1	自知内省→自理能力 德育表现
周末微德育	-1/1	自知内省→活动参与 德育表现
亲子沟通	-1/1	人际交往→亲子交流 德育表现
运动打卡	-1/1	身体动觉→个人练习 体质健康表现
居家学习	-1/1	自知内省→学习态度 教学表现
电子产品管控	-1/1	自知内省→规则意识 德育表现
感恩行动	-1/1	人际交往→亲子交流 德育表现

为避免给家长评价带来过多的工作，在评价时，遵循尽量简化操作步骤的原则，实行一键评价，图 3.5.1 是家长评价端的操作界面。

图 3.5.1 家长评价界面

三、数据分析与沟通

家长评价的数据对学校教育来说，意义体现在两方面：一是对存在问题的学生或现象，学校或老师要及时介入，加强沟通交流，家校共同努力，对学生引导教育；二是建立学生成长档案，为学生描绘更加完整的成长画像，如图 3.5.2 为家长评价大数据清单。

全部表现　日常表现　课堂表现　行为评价　家庭表现

全校各年级登记总量分析　导出

班级	累计得分	累计扣分	扣分学生清单	
全部年级	20649	-123		
初中一年级	9147	-9	【详情】，(-1)【详情】，(-1)【详情】，	更多
初中二年级	6694	-79	(-2)【详情】，(-8)【详情】，-2)【详情】，-3)【详情】，	更多
初中三年级	4808	-35	(-2)【详情】，(-1)【详情】，(-2)【详情】，	更多

图 3.5.2　家长评价大数据清单

通过家长评价大数据可以更加精准地看到学生成长过程中的真实问题，如图 3.5.3 和图 3.5.4 所示。

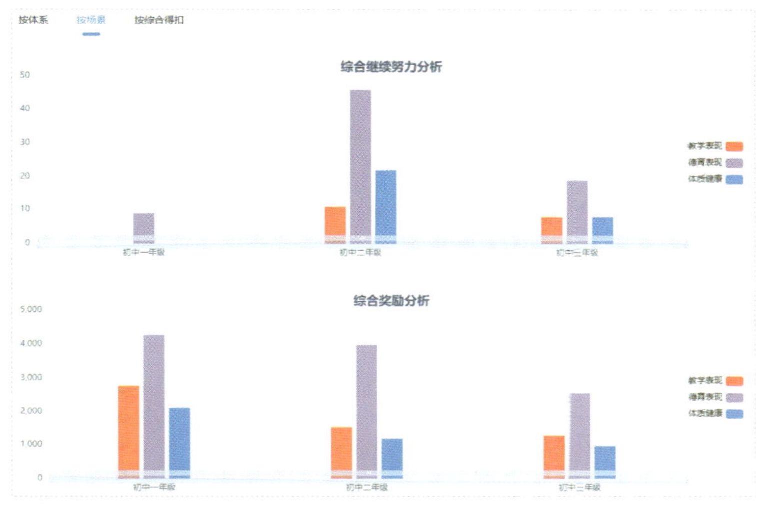

图 3.5.3　家长评价大数据柱状图

斌评价详情　　按学期查询　2023-2024学年　2023-2024第一学期

全部　得分　扣分

时间	家庭表现	评价项	分值	评价内容	评价人	操作
2024/01/06 13:44	日常表现	亲子沟通不畅	-1.0	--	斌的家长	暂无权限
2023/12/31 15:14	日常表现	运动打卡欠缺	-1.0	--	斌的家长	暂无权限
2023/12/23 15:00	日常表现	家务劳动不积极	-1.0	--	斌的家长	暂无权限
2023/12/02 20:30	日常表现	运动打卡欠缺	-1.0	--	斌的家长	暂无权限
2023/11/04 19:55	日常表现	家务劳动不积极	-1.0	--	斌的家长	暂无权限
2023/10/07 10:36	日常表现	电子产品管控欠缺	-1.0	--	斌的家长	暂无权限

图 3.5.4　家长评价详情

第六节　育人活动与成长印记

学校的育人活动是丰富多彩的，除日常评价中大量评价指标涉及的相关内容外，活动育人是学校德育教育的一个非常重要的举措，传统的德育活动较难掌握学生参与情况，借助数字化可以十分详细地了解学生的参与情况。

在数字化评价模式下，我们引入了主题成长活动和成长印记两个重要模块，作为数字化记录学生成长的有效补充。主题成长活动用以记录学生的活动参与，成长印记用以记录美好瞬间、参赛获奖、违纪惩戒等信息。

一、特色主题成长活动

(一) 活动类型

主题成长活动应用适用于校园各类微德育活动，活动类型包括以下几种。

1. 感恩教育类活动

庆祝教师节主题活动、感恩母亲节主题教育活动、庆国庆爱国主义教育活动等。

2. 特色教育类活动

校园十佳歌手海选、庆国庆书法绘画大赛、发明创造类活动等。

3. 教学类的主题活动

数学思维能力大赛海选、酸奶制作主题活动、语文清明作文大赛活动等。

4. 重要节日活动

教师节、母亲节、国庆节、清明节、中秋节、劳动节、春节等。

(二) 活动设置

图 3.6.1 是已开展的主题成长活动列表。

图 3.6.1 主题成长活动

每项活动可以设置具体的环节，如中秋节主题成长活动可以设置“中秋卡片制作”“书法绘画手工制作”“家人做月饼赏月”等，图 3.6.2 为设置的部分活动项目。

图 3.6.2 主题活动项目设置

通过系统后台，可以设置各类激励机制，如荣誉勋章、参加积分等，如图 3.6.3 和图 3.6.4 所示。

活动荣誉管理
1
以单个成员为单位
走进春天绘画摄影比赛
+添加勋章
查看
编辑
停用
删除
最佳摄影奖
结算周期内按单次解锁，已被解锁167次，共有167个人员解锁过该勋章 解锁后奖励：视觉空间-美感积分2
查看
编辑
停用
删除
优秀摄影奖
结算周期内按单次解锁，已被解锁0次，共有0个人员解锁过该勋章 解锁后奖励：视觉空间-美感积分1

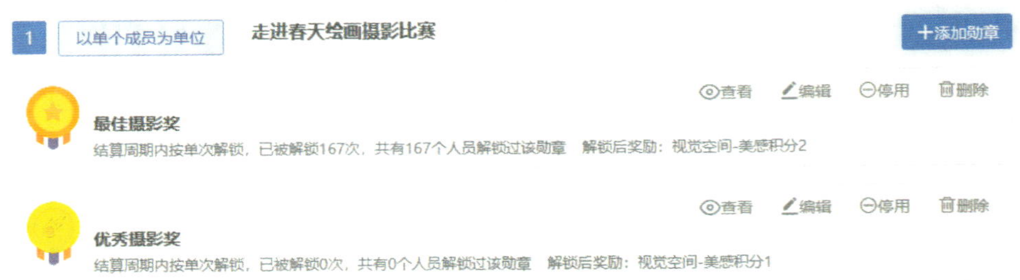

图 3.6.3 活动荣誉勋章

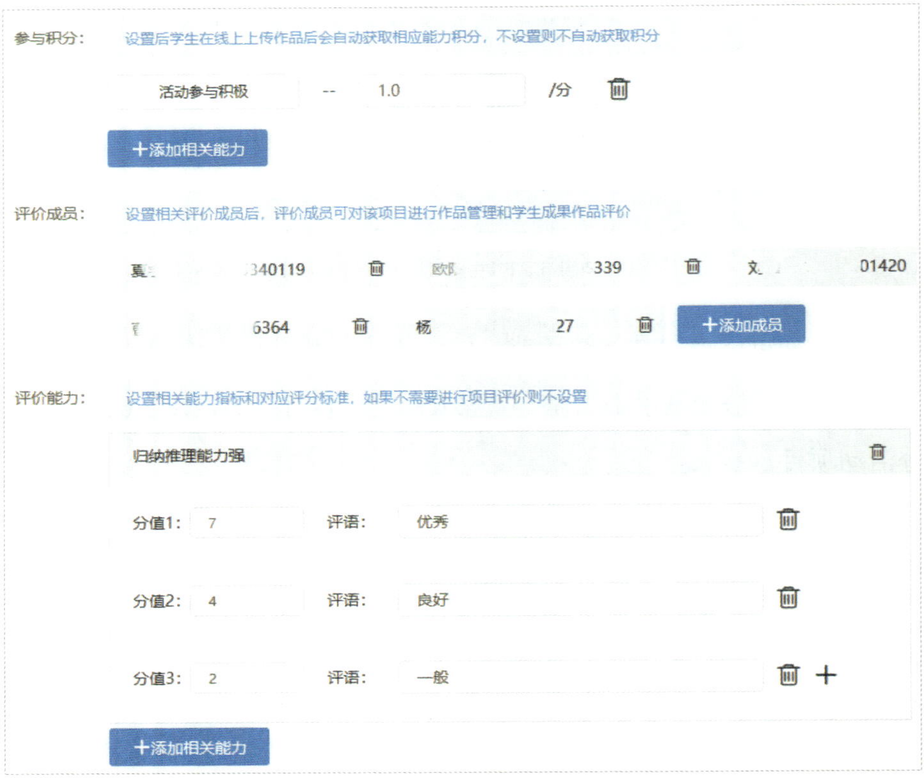

参与积分：
设置后学生在线上上传作品后会自动获取相应能力积分，不设置则不自动获取积分
活动参与积极
--
1.0
/分
+添加相关能力
评价成员：
设置相关评价成员后，评价成员可对该项目进行作品管理和学生成果作品评价
340119
339
01420
6364
杨
27
+添加成员
评价能力：
设置相关能力指标和对应评分标准，如果不需要进行项目评价则不设置
归纳推理能力强
分值1：
7
评语：
优秀
分值2：
4
评语：
良好
分值3：
2
评语：
一般
+添加相关能力

图 3.6.4 活动积分奖励

在系统后台可以查阅每个学生的参与情况，还可以通过互动墙进行分享，营造活动的氛围，如图 3.6.5 和图 3.6.6 所示。

图 3.6.5 学生参加详情

图 3.6.6 活动互动墙

通过系统后台可以查阅各个班级的活动参与大数据情况，如图 3.6.7 所示。

项目管理
荣誉管理
活动配置
互动上墙
参与统计

学生积分榜　团体参与榜　班级参与榜

初中三年级　全部班级　积分榜　导出　分享

学生姓名	班级	学号	参与项目	累计得分	累计扣分	总分	排名	操作
[illegible]	初三60	[illegible]	1	13	0	13	1	查看记录
[illegible]	初三60	[illegible]	1	12	0	12	2	查看记录

图 3.6.7　活动参与班级大数据

二、成长印记

成长印记包含学生参与的主题成长活动、印记报告、荣誉获奖、违纪处分四部分内容，其中主题活动与印记报告来自日常评价数据汇总，这里的主要功能是荣誉获奖和违纪处分两部分。

（一）荣誉获奖

图 3.6.8 是学生荣誉获奖记录界面，通过荣誉奖项功能，可以十分详细地记录学生的获奖名称、获奖规格、发证单位、发证时间、评价积分等信息，便于建立学生荣誉大数据库。

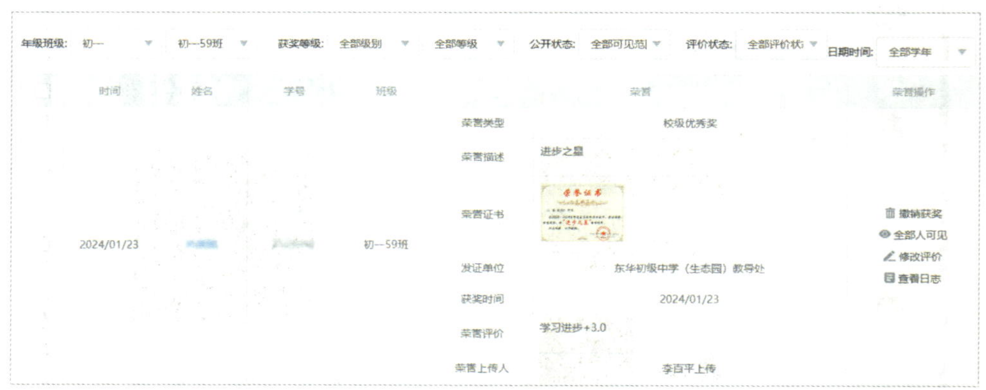

图 3.6.8　学生荣誉获奖记录界面

(二) 违纪处分

图 3.6.9 是违纪处分记录界面，通过违纪处分功能，可以十分详细地记录学生的违纪严重情况、违纪描述、违纪附件、处分评价等记录。

图 3.6.9 违纪处分记录界面

第七节　能量银行与评价闭环循环生态

一、能量银行的意义

将学生过程性评价中的各项积分记录在系统中，按照一定比例把积分转化为能量币，作为学生在学校各项活动中的活动券。在这个过程中，我们既拓展了学生评价积分的意义，又能够让这个评价积分能够形成循环的闭环圈，让积分赋予了财经素养的意义，这是在传统的班级管理加分中难以实现的一个措施，丰富了评价积分意义，同时拓展了评价数据的价值。

(一) 能量银行中心

图 3.7.1 为能量银行界面，在这里的“雨滴”和“阳光”即校园币的单位，老师给予学生加 1 分，学生即得到 1 个雨滴值或一个阳光值。为了避免积分

出现“通货膨胀”或“通货紧缩”，系统提供了兑换率和存储利率的概念，根据积分的情况实时调控。

图 3.7.1　能量银行界面

(二) 能量币存量

能量币存量显示的是当前各个年级、班级、学生能量币的数量，通过这个数量可以初步判断某些重要信息。

例如，各年级、各班级数字化评价实施的情况。积分过少说明可能存在落实不力的情况；积分过多说明可能存在滥用积分，不够严谨的情况。具体情况需要我们进入对应的团队积分明细处核实，确保数据的严谨、科学。图 3.7.2 为各年级可兑换能量币的积分存量数据表。

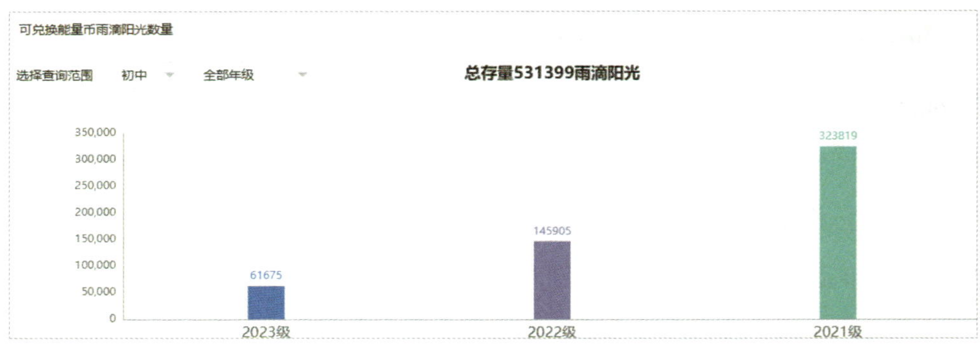

图 3.7.2　各年级可兑换能量币的积分存量数据表

积分系统既要参与评价评比，又要能够具备“交易”属性，这就要求积分必须具备双重属性，通过数字化系统，我们设置了积分总数与可兑换积分的概念。

1. 积分总数

学生被评价后实际所得的总分，该积分是评优评先的重要参考数据。如小明有积分 100 分，这 100 分就是用来评优评先的参考积分。

2. 可兑换积分

学生可以用来兑换能量币的积分。如上述提到的小明，他 100 分之前兑换能量币，已经使用了 20 个积分，并已消费完了，那么他剩余可兑换能量币的积分只有 80 分。

这里需要说明的是，可兑换积分会因为消费而减少，但是积分总数是不受影响的。

图 3.7.3 是学生积分总数和已兑换积分的数据。

学生积分列表　　按积分总数倒序排　　输入学生姓名进行搜索　　搜索　导出

姓名	学号	年级	班级	积分总数	已兑换积分	剩余积分
[illegible]	[illegible]	2022	初二57班	1314	1170	144
[illegible]	[illegible]	2022	初二57班	1107	0	1107
[illegible]	[illegible]	2022	初二57班	1072	575	497
[illegible]	[illegible]	2022	初二57班	1067	1050	17
[illegible]	[illegible]	2022	初二57班	1032	935	97
[illegible]	[illegible]	2021	初三56	1021	180	841
[illegible]	[illegible]	2022	初二57班	1003	895	108
[illegible]	[illegible]	2022	初二57班	968	775	193
[illegible]	[illegible]	2021	初三56	966	805	161
[illegible]	[illegible]	2022	初二57班	933	870	63

共 10122 条　1　2　3　4　5　…　1013　下一页　到第　1　页　确定

图 3.7.3　学生积分总数和已兑换积分总数表

二、评价闭环循环生态

建立评价闭环循环生态是指让评价的积分借助财经素养的概念，形成“收入”“支出”的闭环，搭建的生态指的是创建的用以“收入”和“消费”的各种场景，让评价积分流动起来，在这个过程中既起到评价应有的作用，又激励了学生不断正向努力的良好氛围。

(一) 班级超市

班级超市中可以上架部分学习用品、虚拟激励措施、学生自己制作的手工艺品等。图 3.7.4 为班级超市部分物品，图 3.7.5 为学生购买情况。

图 3.7.4　班级超市部分物品

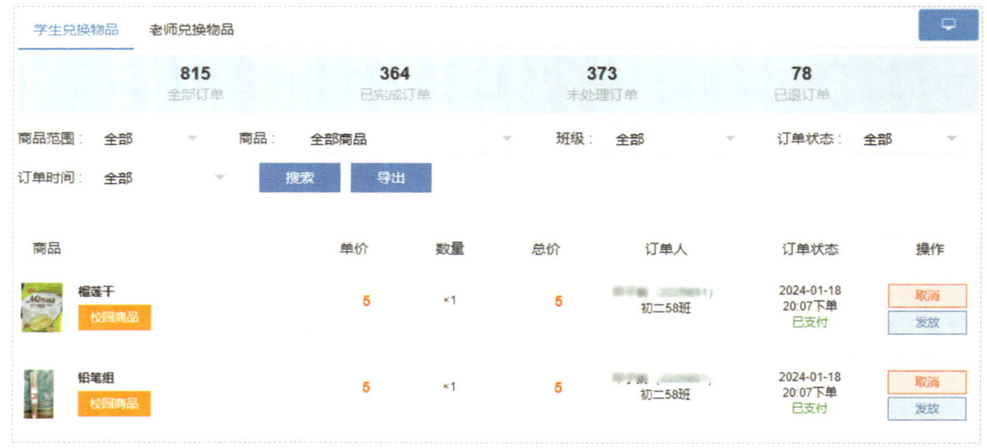

图 3.7.5　学生购买情况

上架商品的形式可以发挥老师和同学们的主观能动性，不断创新，比如免作业券等，可以收集一些学生特别感兴趣的且对学生成长能够形成正向引导的物品。

图 3.7.6 为学生能量币存量情况，可以看到学生已消费的能量币和现有的能量币，通过能量币存量数据，可以指导我们合理控制能量银行汇率的比例，指导我们合理设置商品价格、设置特色活动价格。

能量币存量学生列表　　按能量币倒序排列　　输入学生姓名进行搜索　搜索　导出

姓名	学号	年级	班级	消费币数	能量币数
[illegible]	[illegible]	2021	初三51	0.0	784.450207661629
[illegible]	[illegible]	2021	初三51	18.0	713.902190944188
[illegible]	[illegible]	2021	初三56	47.0	672.94542143735
[illegible]	[illegible]	2021	初三51	0.0	626.9137021052
[illegible]	[illegible]	2021	初三51	15.0	605.188732012637
[illegible]	[illegible]	2021	初三51	66.0	534.668860150822
[illegible]	[illegible]	2021	初三51	11.0	518.613017167013
[illegible]	[illegible]	2021	初三56	6[illegible].0	515.625823433054
[illegible]	[illegible]	2021	初三56	8.0	510.590847032662
[illegible]	[illegible]	2021	初三56	0.0	500.573108176401

共 3423 条　1　2　3　4　5　…　343　下一页　到第　1　页　确定

图 3.7.6　学生能量币存量情况

(二) 特色活动

特色活动是深受学生喜爱的一个活动项目，学生参与面广，主观能动性强，能够充分调动起绝大多数学生的参与积极性。活动的途径和形式非常多，需要管理者发挥主观能动性，不断挖掘创新。

1. 特色游园活动

该活动的形式类似赶大集，设置大量摊位，用以创设学生消费和收入的场景，摊位形式可以是销售商品、象棋对弈、手工艺品、涂鸦、猜歌游戏、体验科技产品、制作陶艺等，如图 3.7.7~ 图 3.7.10 所示。

活动方案参见第十三章相关内容。

图 3.7.7 班级超市询价

图 3.7.8 优秀笔记优秀作业展卖

图 3.7.9 班级超市摊位

图 3.7.10 体验釜底抽薪游戏

2. 手工艺品交易展示活动

可以针对美术科组开设特色活动，如自己制作和销售陶艺作品、自己制作和销售美术作品等，如图 3.7.11~ 图 3.7.14 所示。

图 3.7.11 体验制作手工艺品

图 3.7.12 绘制书画作品

图 3.7.13 体验手工艺品

图 3.7.14 体验陶艺作品

3. 科创作品交易展示活动

用于展示、销售学生手工制作的科创作品，如3D打印作品、自制小音箱等，活动可设置参观区、交易区、体验区等不同区域，如图 3.7.15 ~ 图 3.7.18 所示。

图 3.7.15 体验光驱动车科技

图 3.7.16 体验机器人

图 3.7.17 科创作品体验区

图 3.7.18 科创作品体验区

4. 茶吧、影吧、歌吧

在固定的教室场所内，开设茶吧，由学生自制咖啡、豆浆、水果饮料等；开设影吧，在课余时间播放学生喜爱的电影，或由学生自主点播；开设歌吧，供学生唱歌表演放松，如图 3.7.19 和图 3.7.20 所示。通过这些平台，创建收入和消费场景。

图 3.7.19 音乐活动体验区

图 3.7.20 音乐活动体验区

5. 思维能力大赛

组织学科类的大赛，可以使用不同的形式，如集体答题、一站到底、团队 PK 等，针对获胜方给予奖励积分，暂时失败方扣除积分等，如图 3.7.21 所示。

图 3.7.21 数学思维能力大赛

6. 最强大脑

以数学思维、编程为主的特色活动，设置个人奖、团体奖、PK 奖等各类奖项，通过活动引导学生重视思维能力的提升，如图 3.7.22 所示。

图 3.7.22 编程最强大脑

为了增加活动的趣味性和激励性，可以在活动中设置交易大屏，实时呈现学生的参与活动情况，如图 3.7.23 所示，表 3.7.1 为特色活动交易明细（部分）。

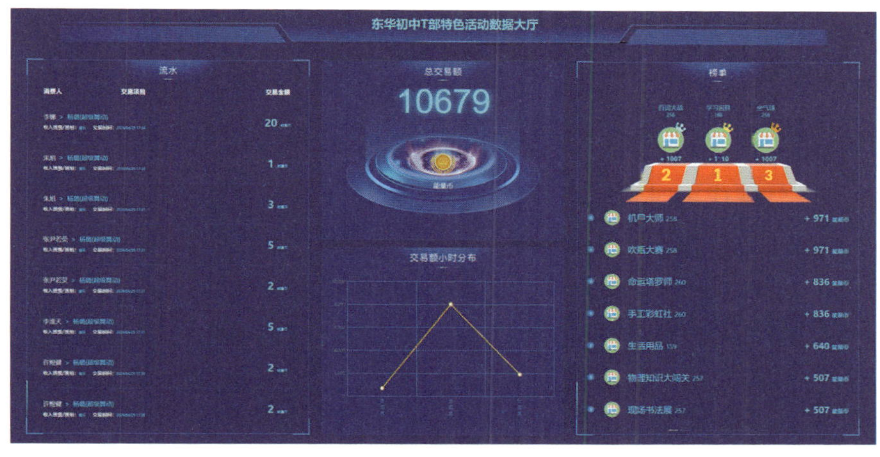

图 3.7.23 特色活动交易大数据

表3.7.1 特色活动交易明细（部分）

排名	小组名称	班级/科组	交易总额	交易明细
1	学习用具	160	1110	学习用具（1110）
2	百词大战	256	1007	侯*（1007）
3	机甲大师	258	971	杨*（971）
4	命运塔罗师	260	836	张**（836）
5	生活用品	159	640	生活用品（640）
6	物理知识大闯关	257	507	阮**（507）
7	口袋笔记本	151	499	口袋笔记本（499）
8	小公仔饰品	155	488	小公仔饰品（488）
9	小玩具	158	475	小玩具（475）

第八节　学业成绩与过程性评价

成绩作为学生评价中特别重要的一个环节，在数字化模式下的呈现方式可以更加精准、更加详细，以便教师和家长对学生的学习过程有更全面的了解。

传统的成绩呈现方式是分数制呈现，当前各地市教育系统倡导使用等级制，我们在呈现成绩时可以有多种途径，分数制、等级制、分数制＋等级制，在数字化模式下，还可以呈现更为精细化的数据。

一、综合成绩呈现

图 3.8.1 呈现了以下有关学业成绩的信息：各个学科得分、各个学科等级、个人总分、班级最高分、年级最高分。

通过以上成绩信息，学生可以对自己的成绩情况有个初步判断，在该数据中可以全面地了解到自己的优势与不足，明确未来努力方向。

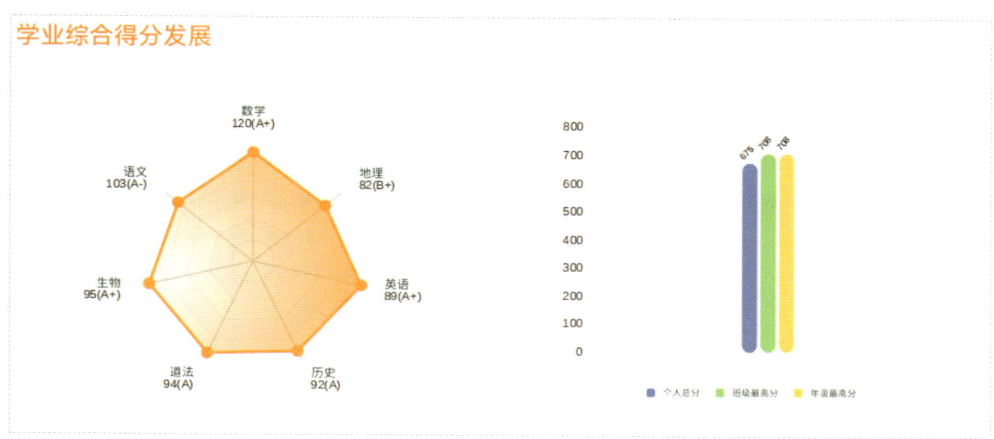

图 3.8.1 学业综合得分发展数据

二、过程性综合评价呈现

过程性评价指的是该学科老师在整个学期学习中，教师对该学生课堂评价的数据。图 3.8.2 过程性评价得分中呈现以下信息：过程性评价正向得分数据、负面扣分数据、得分扣分与班级对比的数据、得分扣分与年级得分对比的数据、按照周次为单位每周评价得分的数据。

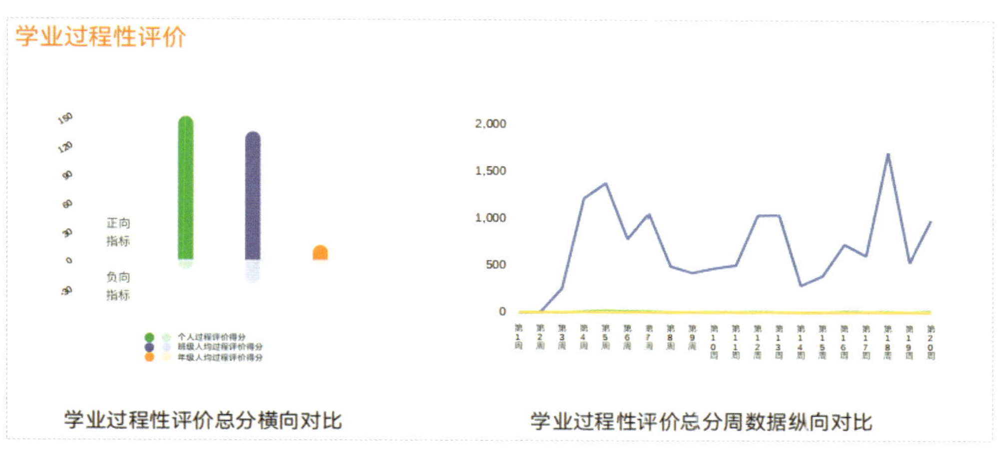

图 3.8.2 过程性评价得分

三、学科成绩呈现

图 3.8.3 是学科维度发展，在该图中呈现了学科综合得分、知识点得分、综合得分与班级最高分对比、综合得分与年级最高分对比。通过上述信息学生可以清晰地了解到自己在本学科的知识掌握情况，以及与班级同学的对比情况，全面了解自己的优势与不足，明确未来努力方向。

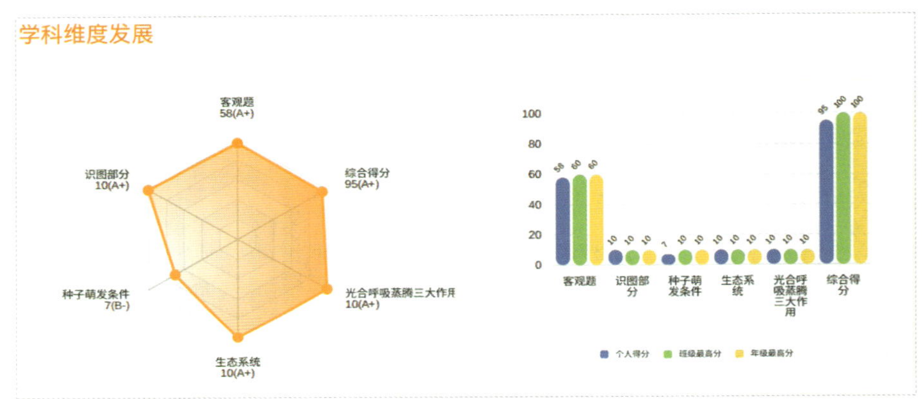

图 3.8.3　学科维度发展

四、学科过程性评价呈现

图 3.8.4 是学科过程性评价得分，结合学业成绩一起，可以综合分析学生取得当前成绩的原因，综合评价，更加客观、科学和严谨。

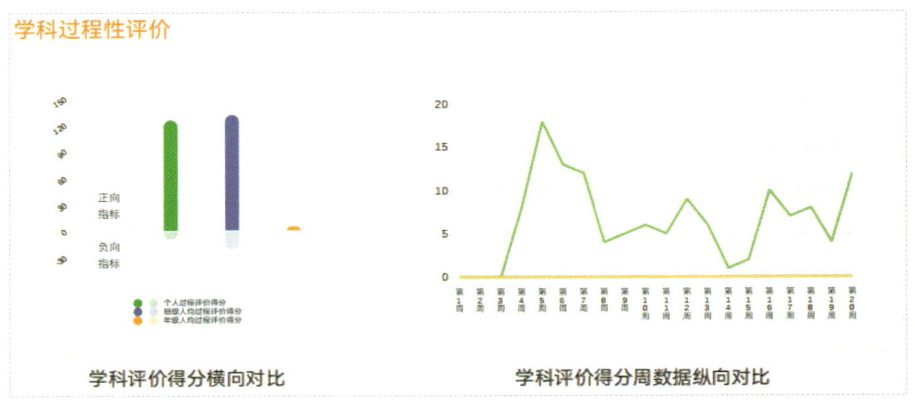

图 3.8.4　学科过程性评价得分

五、对比数据

学业成绩对比也是十分重要的一种呈现方式，对比体现增值，对比分数的进退步、对比等级的进退步。

六、主观评价

对学生进行全面客观的评价，除了来自学业评价、过程性评价、对比评价等数字化的信息外，来自老师主观的文字性评价同样重要，是体现人文、体现温度的评价，如图 3.8.5 所示。

班主任寄语

涵，你是一个活泼、阳光大方的女孩，很喜欢你的幽默和小俏皮。你也是我得力的英语科代表，工作完成得非常出色。老师希望你在学习上能更加努力一些，你的聪明再加上刻苦一定能带来优异的成绩。I believe you can!

图 3.8.5 班主任寄语

第九节 评价数据的呈现途径

一、数据分析的思考

大数据下，各类数据是海量的，需要我们精准地提炼出自己所需要的数据。

在数字化时代，会提炼数据、整合数据、分析数据是教师必须具备的一种素养。哪些数据是我们长期关注的，哪些是重点关注的，哪些是阶段性关注的，这些数据需要关注哪些维度，需要关注哪些对象，这一系列的问题是我们深度推进数字化管理才能深彻思考的。在数字化管理推进过程中会遇到哪些问题，如何解决，都需要在实践中才能出真知。

如图 3.9.1 所示，数据呈现需要具备实时性、多终端、多维度、多对象、对比性、具体化等特点，达到数据评价应有的效果和意义。我们在规划校园数字化建设时应综合考虑以上因素。

图 3.9.1　数据呈现特点

二、多终端展示

学校中涉及的管理是多角度、多元化、综合性的，大量的数据仅通过单个终端设备难以完全呈现，需要实行多终端展示，不同的终端面向的对象是不同的，呈现的数据也不相同，所需要跟进的工作也不相同。

如图 3.9.2 所示，所有数据主要的展示终端包括以下四种。

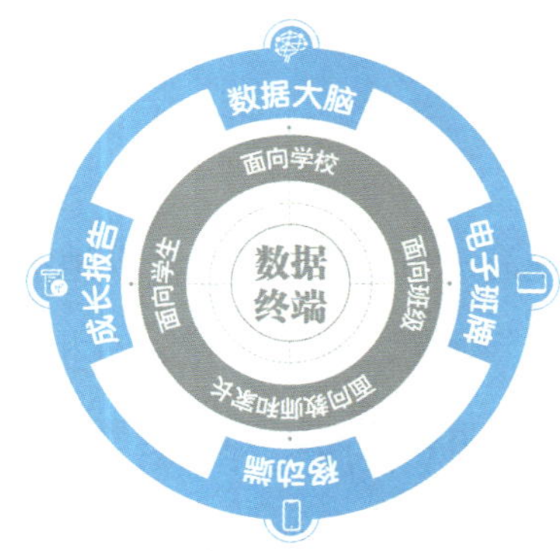

图 3.9.2　多终端展示数据

（1）学生成长报告册，主要面向学生。

（2）学校数据大脑，主要面向学校。

（3）电子班牌，主要面向班级。

（4）移动端，主要面向教师和家长。

三、成长报告册

综合成长报告册是支持电子版发布和印刷物发布两种方式的学生评价报告册，面向的主体是学生，是全方位呈现学生一个学期的学业成绩、行为表现、课堂表现、校本课程、活动参与、荣誉奖项、违纪处分、家校评语等的综合性报告册，记录的学生信息包含结果性的、过程性的、增值性的、综合性的，是全面的成长报告册。

图 3.9.3 是成长报告册中包含的主要内容，除上述内容外，各学校可以根据实际情况优化其内容，如学校文化、育人理念、校园风景、重大事件等，让综合报告册承载的不仅是学生的成长报告，同时也是传播学校文化、学校理念的一个重要的载体。

图 3.9.3 成长报告册的内容

综合报告册是一个涵盖全面的学生评价手册，图 3.9.4 ~ 图 3.9.15 节选其中部分内容做展示。

图 3.9.4 报告册封面

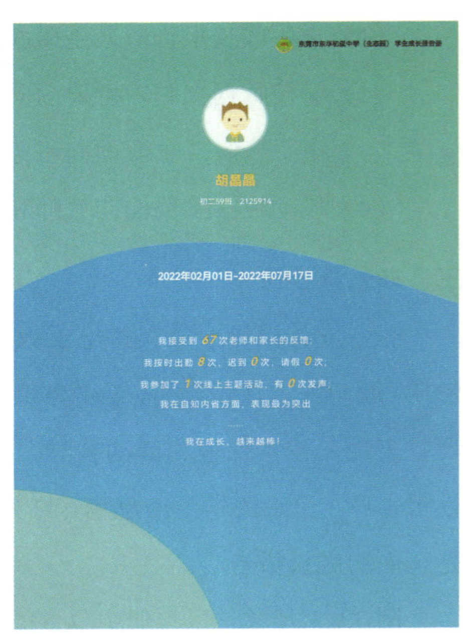

图 3.9.5 报告册大数据概要

图 3.9.6 报告册目录

图 3.9.7 报告册校园风采

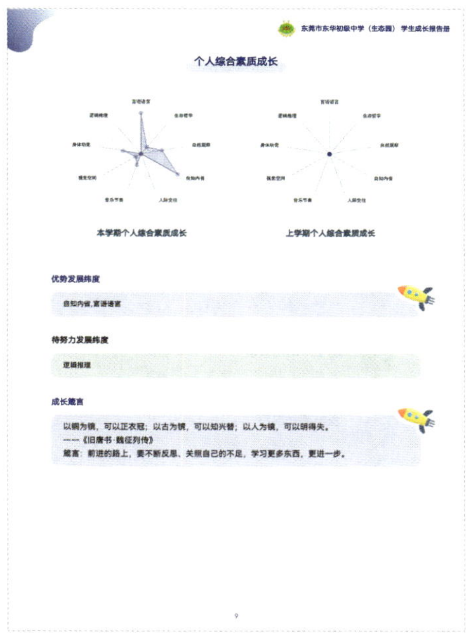

图 3.9.8 过程性评价

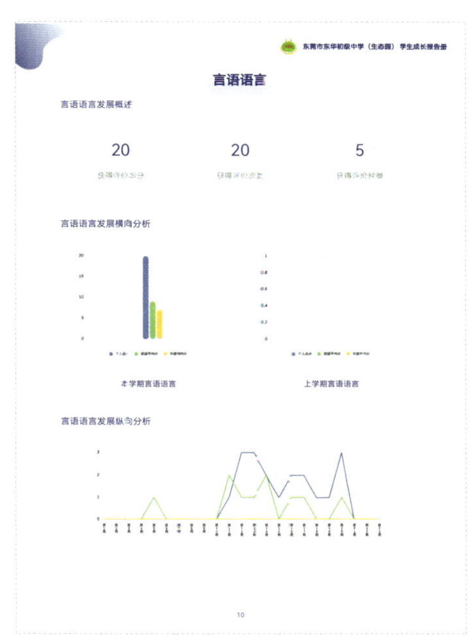

图 3.9.9 过程性评价分类

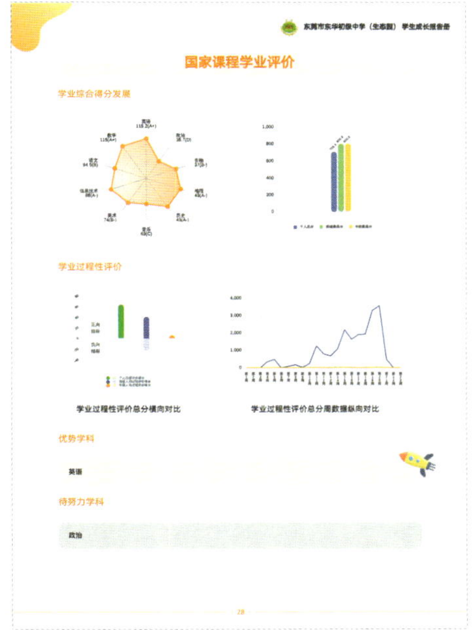

图 3.9.10 学业成绩

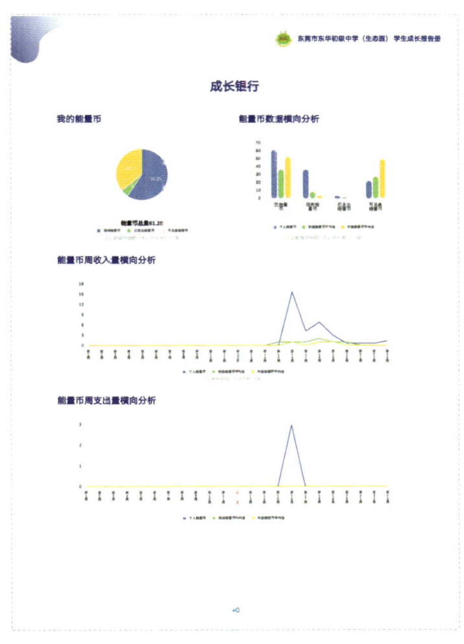

图 3.9.11 成长银行

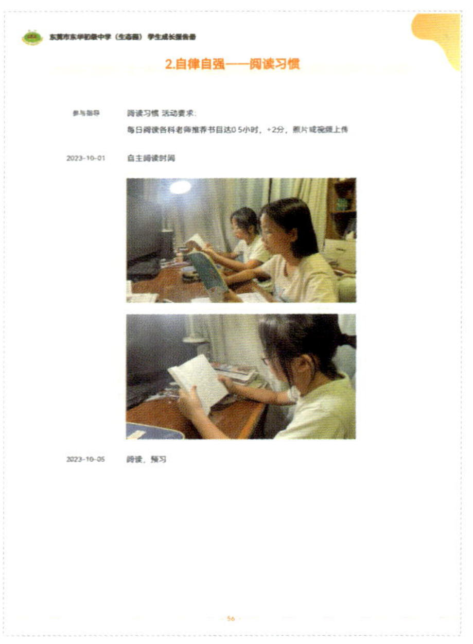

图 3.9.12　主题成长活动

图 3.9.13　家长评价

图 3.9.14　成长象征物

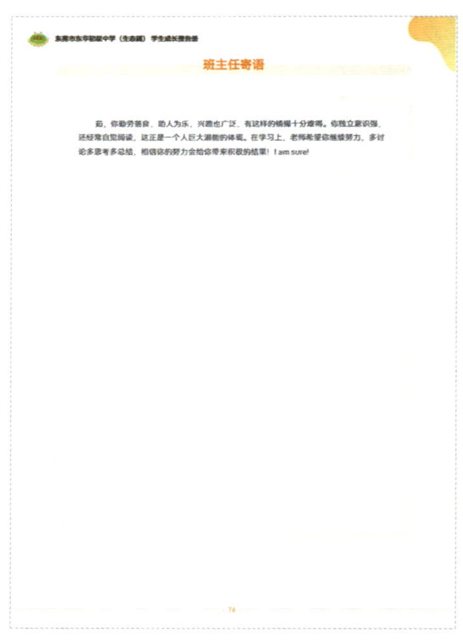

图 3.9.15　班主任寄语

四、数据大脑

数据大脑涵盖教师管理大数据、学生管理大数据、教学大数据、评价大数据、安全大数据、心理健康大数据等不同模块，如图 3.9.16 所示。

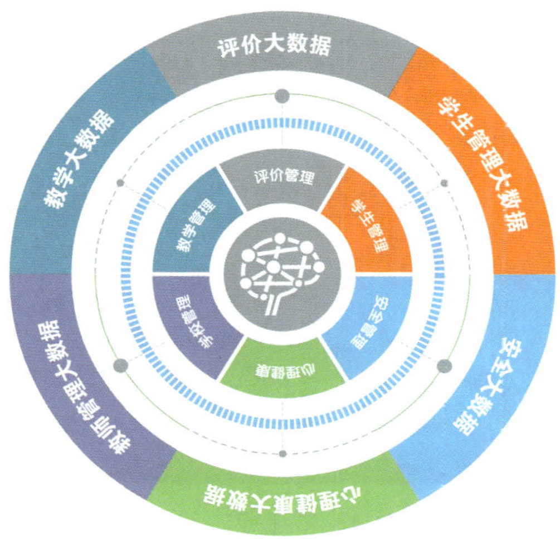

图 3.9.16 学校数据大脑部分模块

(一) 教师管理大数据

图 3.9.17 是教师管理大数据，包含学校各个年级教师职称、性别、教龄、籍贯、年龄、学科等基本信息。

图 3.9.17 教师管理大数据

(二) 学生管理大数据

图 3.9.18 是学生管理大数据，包含学生籍贯、各年级人数、请假信息等基本数据。

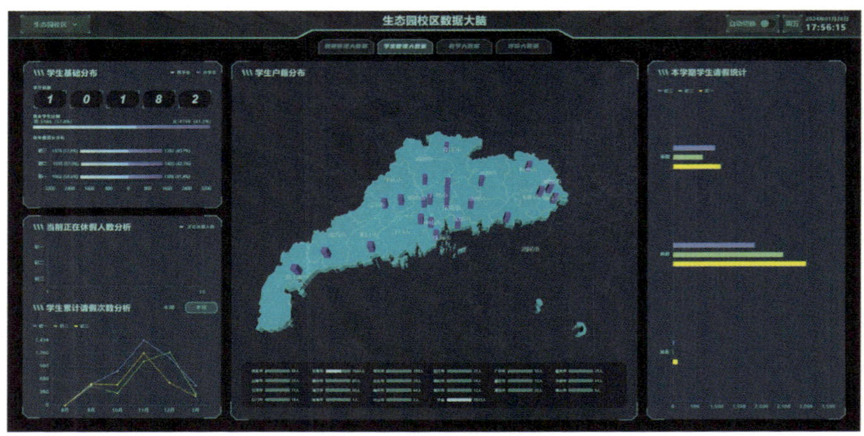

图 3.9.18　学生管理大数据

(三) 教学大数据

图 3.9.19 是教学大数据，包含教学资源情况、教研情况等信息，教学大数据还可以包括更多信息，如各类资源库数据、图书馆阅读大数据、资源共享大数据、公开课优质课大数据、听评课大数据等。

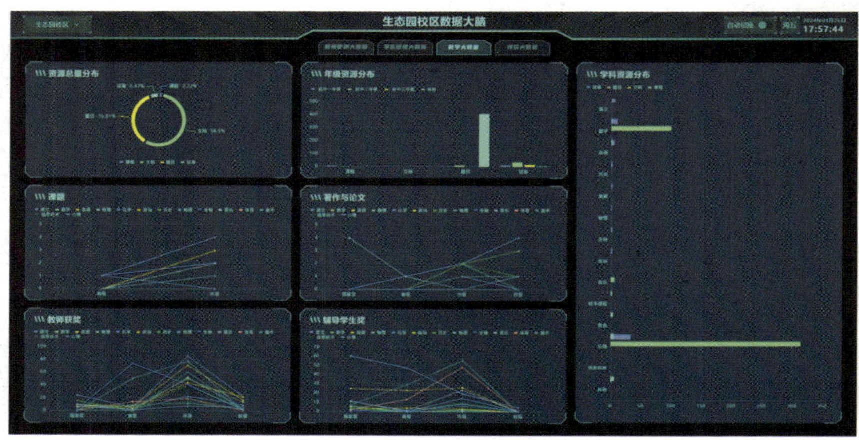

图 3.9.19　教学大数据

(四) 评价大数据

评价是一切教育教学的指挥棒，是大数据中占比最大的一个数据库，评价大数据包含以下四部分。

1. 学校评价大数据

在图 3.9.20 所示的学校评价大数据中，包含以加德纳多元评价为核心的九大维度的各个体系的学生成长大数据；课堂评价、德育评价、家庭评价三大评价的大数据；近三年学生评价各维度大数据对比；学生主题成长活动的大数据。

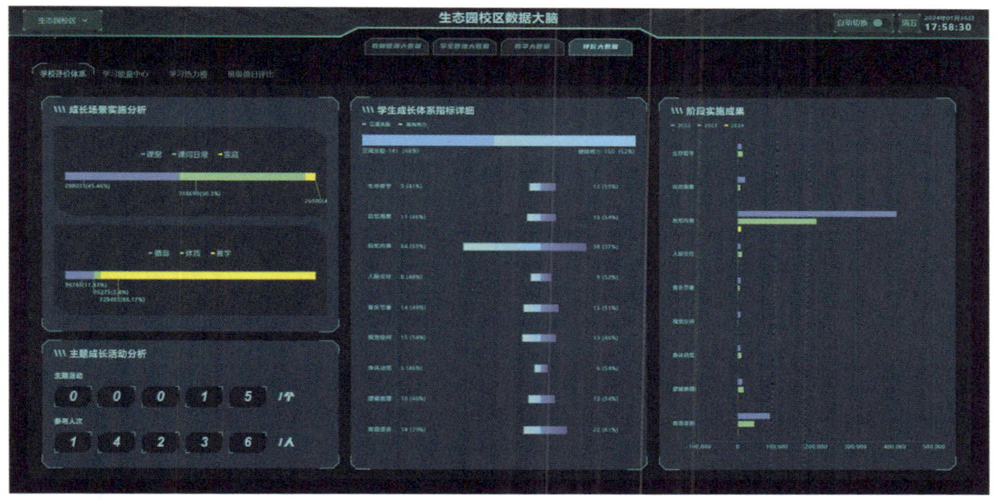

图 3.9.20 学校评价大数据

2. 学习能量中心大数据

在图 3.9.21 所示的学生能量中心大数据中，主要来自成长银行的大数据，包括各年级能量总值、可兑换积分总量、能量值学生与班级排行、各年级能量日变化曲线、学生能量分布气泡等信息。

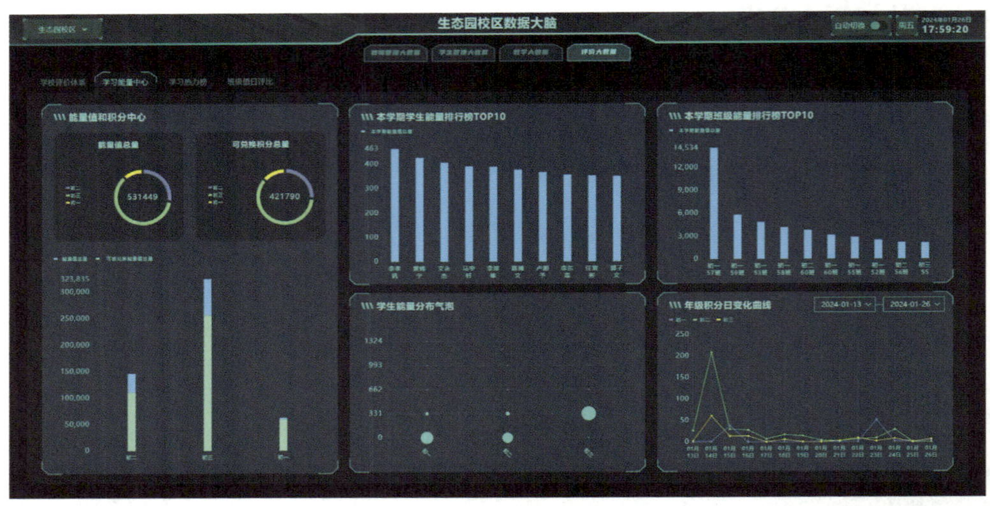

图 3.9.21　学生能量中心大数据

3. 学习热力榜大数据

在图 3.9.22 所示的学习热力榜大数据中主要呈现教师活跃排行榜、活跃班级排行榜、学校能量值在加德纳多元评价九大维度各个维度的雷达图等信息。

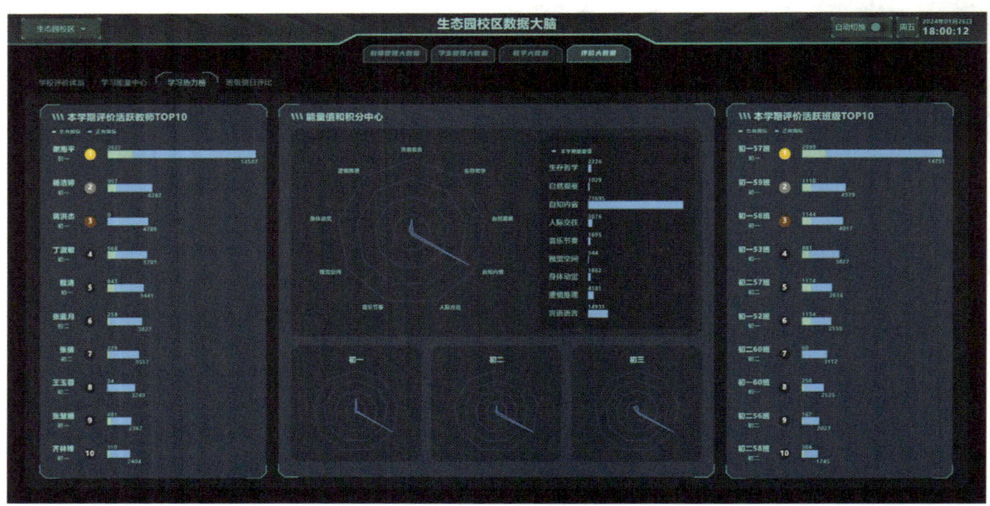

图 3.9.22　学习热力榜大数据

4. 班级值日评比大数据

图 3.9.23 所示的班级值日大数据主要呈现学校管理中的三大常规评价数据：教学巡查、德育巡查、生活管理部的数据，以及各个年级在这三方面的管理数据的雷达图和日曲线图。

图 3.9.23 班级值日大数据

(五) 安全大数据

安全大数据依托物联网，联通学校监控，支持对校园 24 小时全方位无死角监控，支持对学生行为监控与分析功能、支持对校园周边安全监控；实现对校园学生安全、师生财物安全的数据分析。

建立安全大数据，需要依托硬件设备，更需要依托大量云计算，将危险行为进行等级划分，实时传递到保安、校园安全责任人处，便于第一时间介入处理。

(六) 心理健康大数据

心理健康大数据需要建立校园内部应急处理的闭环圈，如图 3.9.24 所示。

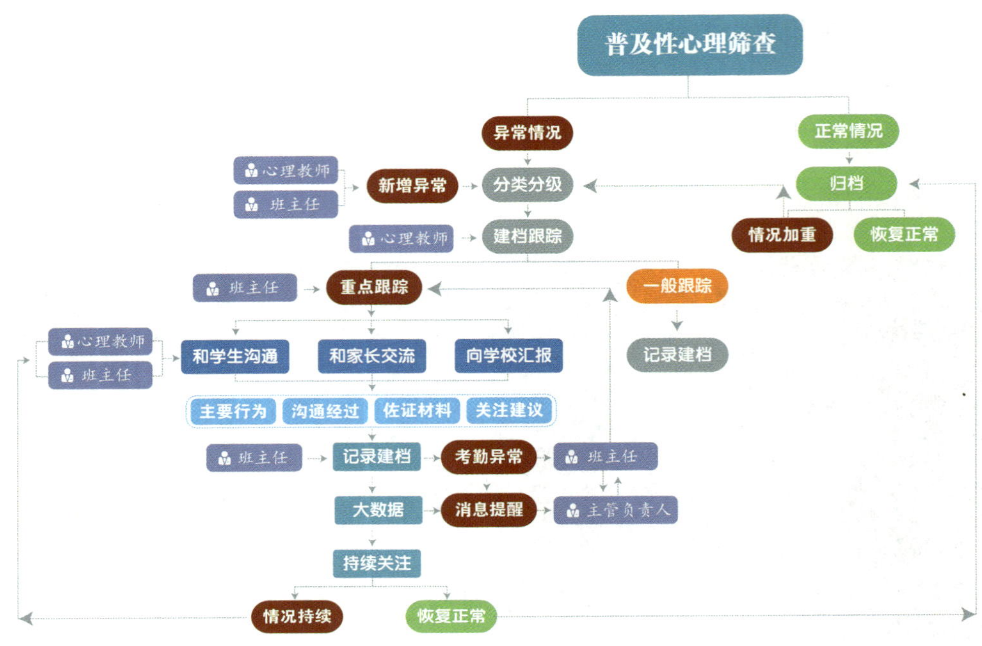

图 3.9.24 心理健康应急处理流程

通过将心理健康筛选与教育教学过程中发现的特殊学生，及时记入档案，并对相关学生进行科学分类和跟踪，建立心理健康管理大数据，学校德育管理人员应及时介入管理和指导。心理健康管理大数据要有严格的保密制度，只有相关资质的心理教师可以查阅。

五、电子班牌

电子班牌是悬挂于每个班级教室门口的设备，面向的主体是班级，呈现的内容包括学校对班级的各种评价数据、班级内部管理的各种评价数据，以及相关的图文公告等信息，便于全面而及时地对班级管理情况有更系统的了解。如图 3.9.25 ~ 图 3.9.34 所示为电子班牌所呈现的部分内容。

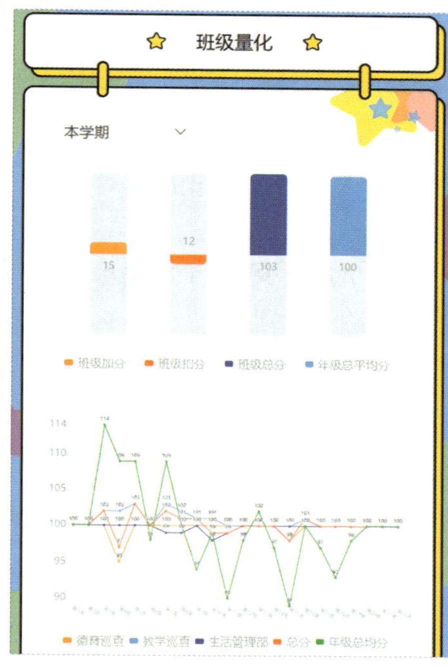

图 3.9.25 班级值日曲线图

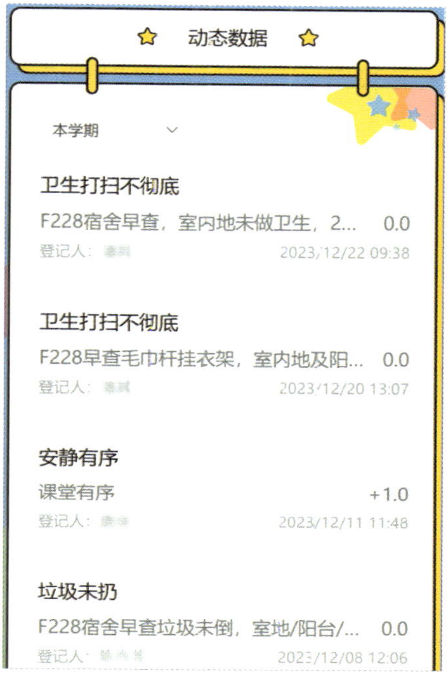

动态数据

本学期

卫生打扫不彻底

F228宿舍早查，室内地未做卫生，2... 0.0

登记人： 2023/12/22 09:38

卫生打扫不彻底

F228早查毛巾杆挂衣架，室内地及阳... 0.0

登记人： 2023/12/20 13:07

安静有序

课堂有序 +1.0

登记人： 2023/12/11 11:48

垃圾未扔

F228宿舍早查垃圾未倒，室地/阳台/... 0.0

登记人： 2023/12/08 12:06

图 3.9.26 班级值日详情

图 3.9.27 学生评价雷达图

图 3.9.28 学生评价详情

图 3.9.29 班级相册

能量银行

班级总额

15803.8

积分总和

7773.8

可兑换积分总和

12254.7

能量币总和

当前汇率：5%

当前利息：0.5%

全班 >

图 3.9.30 能量银行

图 3.9.31 班级指标排行

图 3.9.32 学生评价排行

图 3.9.33 班级超市

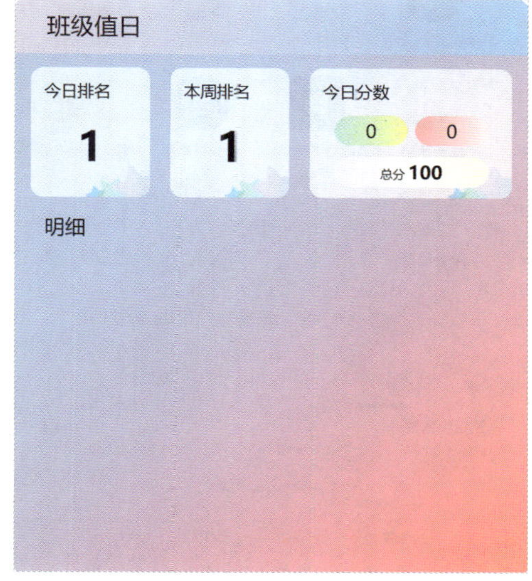

图 3.9.34 班级检查明细

六、手机移动端

移动端是数字化管理的一个移动端 App，面向的主体是教师和家长。面向教师的主要功能是便于实施评价、实施查询、接收消息等，面向家长的主要功能是家校共建、实施查询、接收消息等。

(一) 教师端

教师是使用的主要群体，因此其功能较为丰富。

图 3.9.35 ~ 图 3.9.42 涵盖了班级德育量化评比数据、班级管理数据、作业登记数据、请假数据等，是教师端的部分功能，除此之外还涉及评价操作、信息查询、消息接收、课堂考勤、在线听评课、成绩查询、教师成长档案、个人课表、日程等功能。

图 3.9.35 教师评价应用

教务
课表
选课
成绩
成绩查询
其他
课程
互动
日程
社团
班级智能助手
听评课
人力资源教...

图 3.9.36 教师其他办公应用

图 3.9.37 班级评比类别排行

图 3.9.38 班级评比积分排行

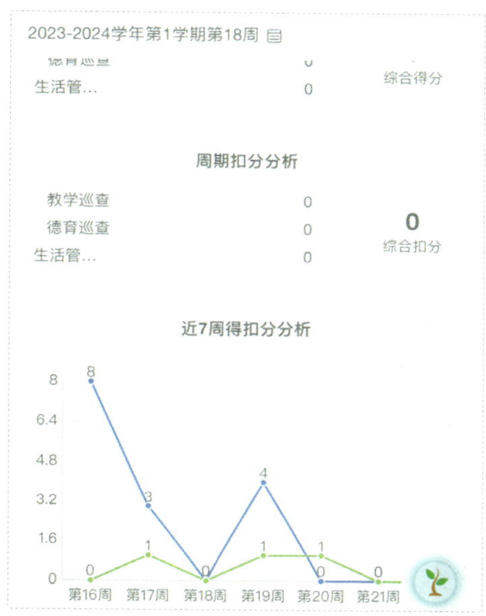

图 3.9.39 班级评比统计

图 3.9.40 学生评价统计

图 3.9.41 作业登记数据

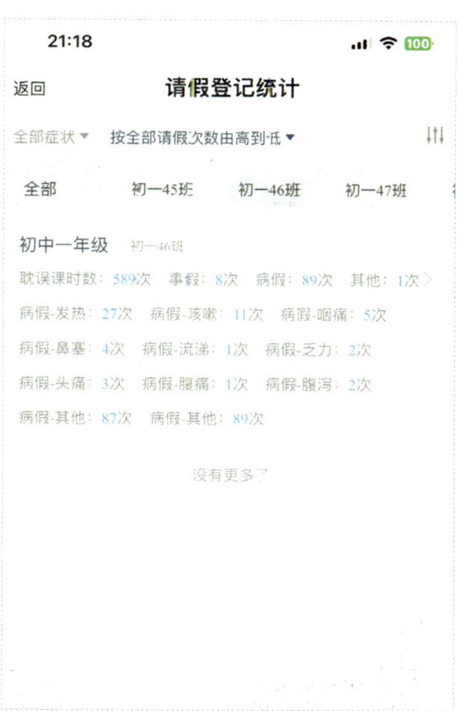

图 3.9.42 请假数据

（二）家长端

家长端的主要功能是实施家校共建评价、成绩查询、校本选课等。图 3.9.43 ~ 图 3.9.46 是家长端常用的部分功能。家长端的功能要简洁、简单、易操作，最大限度降低家长的学习时间。

图 3.9.43　家长端应用

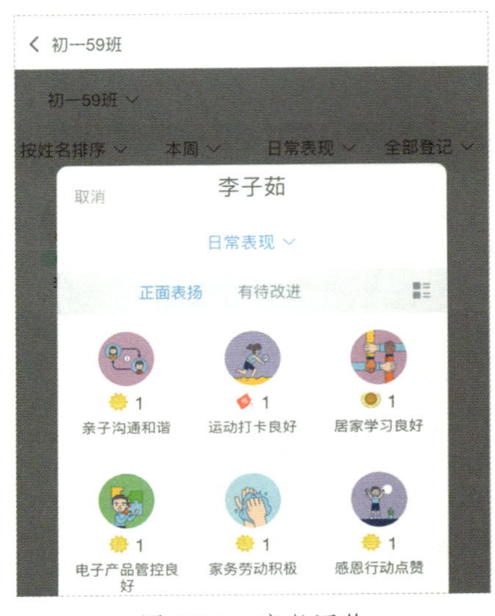

图 3.9.44　家长评价

图 3.9.45　查询成长报告册

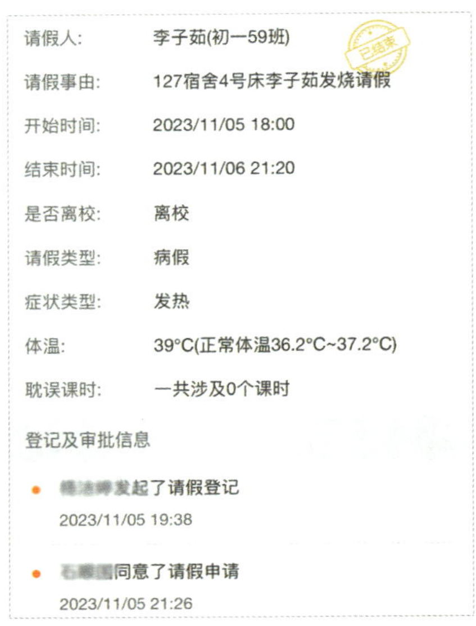

图 3.9.46　查看请假信息

第二篇　数字化教学

第四章　数字化教务系统

第一节　学 籍 管 理

一、学籍管理系统

学籍系统是管理学生信息的重要平台，学籍系统在研发时要兼顾全面。

（一）做好与多系统数据互通接口

学籍系统是整套校园数字化系统中学生信息的唯一来源，将其作为数据来源的系统主要包括门禁系统、图书系统、评价系统、校卡系统、成绩系统、校友系统、心理系统、班牌系统、校本选课、数据大脑等，如图 4.1.1 所示。

图4.1.1　以学籍系统数据为基础的系统群

（二）多系统数据联动

学籍系统中学生信息变更，多系统实时更新，如学生转班、升级、头像等变更，多系统中自动同步，做到多系统数据联动。

（三）支持信息更新

学籍系统中部分信息需要定期更新，如户籍所在地、家长联系方式等，要支持每学期开启信息采集，家长自行更新，需要支持开放指定字段或关闭指定字段。

（四）消息提醒

（1）通知老师。学籍档案中学生信息变更，如班级变更、家长联系方式变更、户籍所在地变更等，要实时通过消息提醒对应的班主任。

（2）通知家长。学校每学期定期开展信息采集，更新学生信息，家长实时收到消息提醒，按时完成信息更新。

（3）退学、转学、休学、转班、转校区审批流中相关人员的消息提醒。

（五）分类展示

（1）学籍信息要支持按照年级、班级分组显示，支持对不同年级，不同班级设置不同权限，开放指定信息，便于学籍信息管理。

（2）支持归档功能，对退学、转学、休学的学生分类建立数据库归档，详细记录退学、转学、休学流程信息。

（3）支持显示学生历年班主任、科任老师。

（六）支持学生信息变更审批流

对学生退学、转学、休学、转班、转校区四种特殊情况，要建立审批流，并详细记录审批流程中的各个环节，审批通过后，变更的信息自动同步到各个系统，实现数据无缝对接，如图 4.1.2 所示。

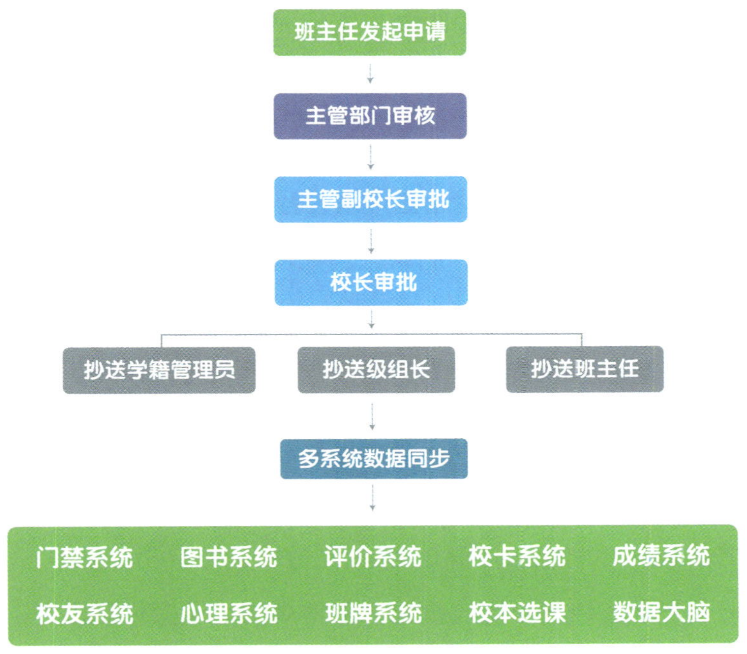

图4.1.2 学籍信息变更审批流

（七）支持新增数据和更新数据模式

新增数据指的是将之前空白字段录入信息，新生首次信息采集为新增模式；更新数据模式指的是将之前已有数据进行更新，老生每学期修订数据为更新模式，更新模式下需要支持对指定字段更新。

二、权限管理

学籍系统要做好权限管理。

（一）从管理员角色角度

学校管理员：具备所有权限。

校区管理员：支持管理本校区。

年级管理员：支持管理本年级。

级组管理员：支持管理本年级组。

班主任：支持管理本班级。

（二）管理内容角度

字段权限：哪些字段，哪些角色可以查看、编辑、删除。

时间权限：何时允许查看、编辑、删除，允许哪些角色，或哪个指定的人员操作。

日志权限：哪些角色支持查看哪些日志，哪些时间段的日志，哪些对象的日志，查看哪些审批流的日志。

采集权限：允许哪些角色开启信息采集，开启哪些对象的采集。

三、日志记录

日志记录在学籍档案中比较重要，除常规的记录操作日志外，需要支持以下按照以下类型筛选和导出日志。

（1）按照角色、管理员查看日志。

（2）按照学生查看学生被操作的日志。

（3）按照时间顺序排列日志。

（4）支持按照审批流查看日志。

第二节　校本选课系统

一、系统的互联互通原则

数字化教育时代更加倡导对学生的综合评价，将校本课程纳入学生综合评价，则需要校本选课系统需要链接多个系统，主要涉及教师管理系统、学生评价系统、学生综合成长报告册、学生考勤系统，所有涉及对学生评价的系统，都应实现数据关联，在每个系统研发设计时都应充分考虑到这一出发点。

数据关联不仅涉及学生的综合评价，同时涉及教师成长系统中对教师相关工作内容的关联，链接不同系统的目的和作用各有不同。

（一）关联教师管理系统

建立校本课程项目，需要关联授课教师，校本课程中授课教师应从教师管理系统中获取，教师成长档案中需要获取该教师的校本课程授课信息，如图 4.2.1 所示。

图4.2.1 授课人关联教师管理系统

（二）关联学生评价系统

教师是学生评价的实施主体，系统需要支持授课教师对学生的校本课程表现情况进行评价，其数据纳入学生评价体系，如图 4.2.2 所示。

（三）关联学生成长报告册

学生成长报告册是一个涵盖学生在校成长各个维度的数据，包括日常表现、课堂表现、学业成绩、荣誉奖项，同时也包括校本课程情况。

（四）关联考勤系统

考勤不仅涉及学生出勤问题，更关系到学生的安全，校本课程授课地点一般分散到校园各个教室，教师通过考勤系统可以准确地了解到学生的请假情况，避免出现安全漏洞，如图 4.2.3 所示。

图4.2.2　校本课程评价

图 4.2.3　校本课程考勤情况

二、选课活动设置

为满足不同选课情况，系统要设置灵活的选课活动设置，一个学期中一次性可以支持建立多个不同的选课活动，每个选课活动可以设置不同的参数，满足不同的选课功能需求，如图 4.2.4 所示。

（一）按学期选择

按学期选择是为了方便保留历史数据，查询学生不同学期的校本选课情

图4.2.4 选课活动设置

况，记录学生某学段学习过程中的全部记录。

(二) 选课活动范围

支持按照年级或特定群体区分选择校本课程，避免年级交叉误选课程。

(三) 规范选课课程数量

根据学校校本课程开设规则，支持最多或最少选课数量。

三、课程设置

一个选课活动中支持增加若干课程，每个课程支持参数设定，如图 4.2.5 所示。

图4.2.5 课程设置

（一）支持设置上课时间

设置上课时间一是方便提醒学生上课时间，二是避免多节课时间冲突，如冲突，系统则禁止冲突的课程选课。

（二）支持限定选课对象范围

这个设定满足两种情况，一是规定该部分课程只有特定对象上课；二是在选课活动开始前，已经提前内定了一部分学生，可以提前将这部分学生数据导入，如学校舞蹈队、合唱队、编程队等已经提前选拔过的成员，可以提前录入系统。

（三）支持按性别选课

按性别选课主要针对学校专门开设的男生课程或女生课程，限定性别参与学习的课程。

（四）支持限制人数

限制人数是为了避免人数超过班级能够承受的最大数量，确保每个学生都能够有课程上。

四、选课结果

选课活动完成后，需要将数据导出，在此过程中支持实时查看各个课程选课人数，支持查看未选课程的学生情况，及时关注，及时调整选课工作，确保每个学生都选到校本课程。

（一）选课结果按课程导出

按课程导出选课结果，方便授课教师了解自己任教校本课程的学生情况，包括人数、名单、班级等信息，如图 4.2.6 所示。

图4.2.6 按课程查看选课情况

（二）选课结果按班级导出

按班级导出，方便班主任了解自己班级学生所选校本课程、上课地点以及任课教师，关注学生校本选课情况。

（三）支持退选或换课

支持退选或换课是方便对未选到自己心仪课程的学生做调整，前提是其他课程还有多余的名额。

五、其他人性化设置

校本选课的细节功能较多，系统设计要考虑到这部分人性化操作，为学生和教师提高效率。

（1）导入或导出数据支持批量化，也支持选定范围的批量化。

（2）未选课的学生、选课异常的学生应支持单独列出、单独导出、单独消息提醒家长和班主任，方便及时跟进。

（3）支持按照课程查看选课情况，也支持按照学生查看选课情况（见图4.2.7）。

（4）支持教师自行申报课程，开设个性化校本。

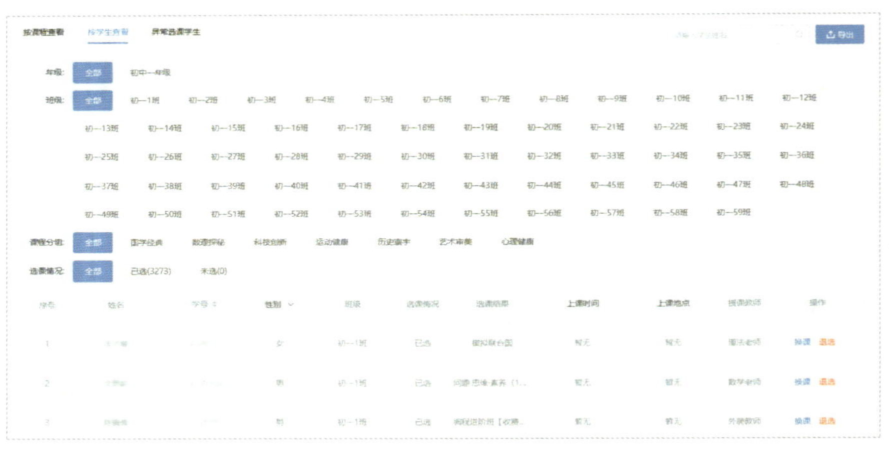

图4.2.7 按学生查看选课情况

第三节 考场排布系统

考场排布系统是提高工作效率的工具，在设计功能时要兼顾细节功能，满足各种不同需求，如图 4.3.1 所示。

图4.3.1 智能排考系统

一、关注多系统数据互通

（一）与班级管理架构系统、学籍系统和教师档案系统互通

考场设置学生班级信息从班级管理架构中获取，学生姓名信息从学籍系统处获取，监考教师信息从教师档案系统获取。

（二）与师生考勤系统数据互通

对于请假学生，考场排布时应予以备注显示，以提示监考老师，该生目前的请假状态。设置监考教师时，对于处于请假中的教师系统应自动排除。除系统自动外，这里需要两项人工处理：一是班主任收到班级考场分布表时，核对本班请假学生信息是否准确，及时沟通；二是级组及时核对本级组系统中请假教师是否准确，及时沟通。

（三）与学校空间系统和电子班牌系统互通

空间是指学校中所有的教室、功能室等场馆，作为考场的考试室由系统自动从该系统获取。考场排布结果按时推送到电子班牌系统，以便师生查阅。

（四）与职务系统和学科系统数据互通

设置监考教师时，不同学科、不同职务的教师，其监考场次会有所不同，监考的学科也会有不同要求，要支持按照学科和职务设置监考场次。

（五）与消息系统互通

被安排监考的老师，系统提前自动推送消息提醒该教师和相关监考人员，起到人性化提醒功能，避免影响工作。

（六）与校历系统互通

支持按学期创建考试，按学期、按学年查询，便于查询历次考试安排情况。

（七）与学科系统互通

考试科目信息从学科系统获取。

二、关注细节功能开发

（一）支持分组设置考试

同一场考试可能存在分层考试情况，要支持分批创建多次不同考试，以便为不同层次学生分布不同考场、监考员和相关信息。

（二）支持生成多维度排考结果

考场排布结果主要包括监考教师排布表、以班级为单位的考场排布表、以考试室为单位的考场分布表、考试室座位表、考场座签表、学生准考证。

（三）支持手动变更学生和教师考场

对于特殊情况，需要支持手动变更学生所在考场和教师监考考场。

（四）支持权限设置

人员层级主要包括年级管理员、年级领导组、级组长、班主任，这些层级从职务系统自动获取；权限主要包括查询考试时间安排、教师考场安排、学生考场安排。

（五）汇总请假信息

自动将所有处于请假状态的学生、教师汇总，单独呈现，包括学生姓名、班级、性别、请假时间，教师姓名、学科，支持导出请假师生名单。

（六）支持考场、座位号随机设置

考生考场支持随机和固定两种模式。随机模式下学生考场、座位号每个学科都随机变；固定模式下，考生考场、座位号每个学科考试固定不变。

第四节 智能排课系统

排课系统也属于提高效率的工具，不与师生评价挂钩，设计时要与多系统关联。

一、多系统数据互通

与排课系统关联的系统同样较多，主要涉及教师档案系统、学校校历系统、教师的组织架构、职务系统、电子班牌系统、课表系统等，在开发时要注意，避免独立新建字段，相关字段应尽量从整个系统中的其他系统获取，建立系统生态，提高效率。

要支持功能的同步更新，如排课完成后自动同步到电子班牌系统、教师课表系统等，教师课表变更，在多个系统中实现同步，确定信息唯一输出源。

二、个性化功能设置

排课系统需要兼顾的个性化需求十分繁杂。

（一）教师职务需求

学校领导、中层行政、基层干部、班主任、普通教师，相同学科不同职务，任教课时数有所不同。

（二）上课时间需求

学校干部有例会，学科有集备，需要支持按照不同职务，不同学科避开

会议时间和集备时间。

（三）日上课频次需求

语、数、英学科基本需要每天都有课程，设置时要避免某天课少，某天课过于集中的需求。

（四）功能室需求

有些学校存在功能室共用的问题，设置时需要避开功能室冲突。

（五）单双周课程需求

有部分课程可能会存在单双周开课。

（六）特殊课程需求

体育学科会有节次的需求，在开发时需要支持优先级设置的问题。

三、课表系统

课表系统主要实现以下功能。

（1）课表数据源支持从排课系统自动获取，也支持手动导入。

（2）支持调课申请，以及调课审批流，并同步到电子班牌系统。

（3）支持自动统计教师课时量，分年级、分学科。

（4）支持按班级、按年级、按教师、按学生、按教室显示课表，导出课表。

（5）支持对上课教师发送消息提醒。

（6）支持显示校本课程，该教师承担的校本课程支持同步呈现到课表。

（7）支持教师课表自动同步到个人日程，个人日程中汇总教师一周所有工作任务。

（8）支持课表权限。查看权限范围，包括本人课表、本学科教师课表、本级组教师课表、本年级课表、学生课表、班级课表、教室课表等权限细化。

第五章　数字化教学与教研系统

第一节　数字化成绩管理

一、成绩管理系统

成绩是师生与家长共同关注的信息，也是使用时瞬间访问并发量最大的应用之一，成绩管理系统应具备成绩获取、分析、查询、存档的功能，在数字化教育中，任何一个系统都不能孤立存在，都要关注多系统间的数据互通，建立生态系统，避免数据孤岛，这是设计成绩管理系统时应考虑的问题。

（一）学生学籍系统

学生信息从学生学籍系统以及相关的年级、班级管理架构中获取学生信息。

（二）教师档案系统

成绩与相关教师关联，教师信息从教师档案系统中获取，教师相关的学科、年级属性从组织架构中的相关信息中获取。

（三）学生成长报告册

学生成绩数据与学生成长报告关联，综合成长报告册自动从成绩管理系统中获取相关学科成绩，以及对比的班级均分、最高分、最低分等信息。

（四）教师成长档案

学生成绩在一定程度上体现教师成长过程，教师任教班级的成绩自动记录进教师成长档案系统。

二、成绩获取

成绩获取一般是自动获取和手动录入两种方式，自动获取即从阅卷评分直接获取成绩，录入成绩系统。

（一）获取小题分数

获取小题分，可以根据小题分生成更为详细的成绩分析数据，指向性更强，这是我们分析学情尤为重要的，也是传统模式下难以实现的。

（二）获取知识点分数

系统应具备对试题贴标签的能力，一道试题可以对应多个不同标签，目的是方便后期生成不同需求的成绩分析。

（三）手动录入

系统需要支持手动录入成绩数据，支持根据录入的成绩进行各项分析和查询动作。

三、成绩分析与查询

成绩分析系统如图 5.1.1 所示。

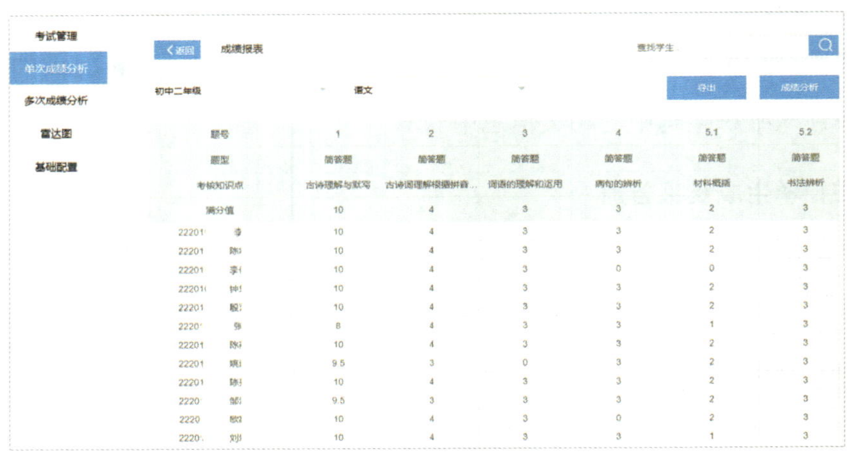

图5.1.1　成绩分析系统

（一）成绩类型

我们将成绩分析分为两类：第一类是对于人的分析，包括团队和个人，团队包括校区、级组、备课组、班级，个人包括教师、学生；第二类是知识掌握情况的分析。对于第一类的分析，传统模式下很容易实现，但是对于第二类分析传统模式是比较难的，而数字化模式下则可以做到。

（二）分析维度

分析维度需要智能、高效的根据小题分汇总，形成班级分数、年级分数、校区分数、教师分数、学生分数，以此进行各类对比。支持传统成绩分析下的各类对比支持设置。

（1）均分对比。

（2）自定义分数区间人数对比。

（3）过程性进退步对比，对比过往历次考试。

1. 知识点分析

知识点分析（见图 5.1.2）应该是所有分析维度中价值和意义较大的一个，也是传统分析模式下无法实现的。当前通用的做法是给试题贴标签，依据标签形成对知识点的分析，但是海量试题贴标签难度较大，从标签的科学、严谨、数量、更新等角度都是普通学校难以实现的，在当前现有的技术层面下，我们可以做一个折中的办法，仅对当前试卷中的试题组织人力进行贴标签。一道试题可能来自各个不同的知识点，就需要对这个小题贴多个标签，借助标签，可以从以下角度展开更为细致的成绩分析。

（1）年级学科角度知识点分析。

（2）级组学科角度知识点分析。

（3）备课组角度知识点分析。

（4）班级学科角度知识点分析。

（5）教师学科角度知识点分析。

2. 学生角度知识点分析

知识点维度的分析几乎接近教学中最小的单元，从各个不同的层面，可以形成不同团队或个人的知识点分析，对下一步教学形成指导性大数据。

< 返回　成绩统计　　　学科小题得分率及备注　导出选中表格

初中二年级　语文

语文小题得分率及备注

题号	题型	考核知识点	满分值	试题难度(整体预估得分率)	年级实际得分率
1	简答题	古诗理解与默写	10	90%	90.4%
2	简答题	古诗词理解根据拼音写汉字	4	90%	90.25%
3	简答题	词语的理解和运用	3	90%	89%
4	简答题	病句的辨析	3	90%	52.33%
5.1	简答题	材料概括	2	80%	87.5%
5.2	简答题	书法辨析	3	80%	87.33%
5.3	简答题	名著情节	2	80%	56%
5.4	简答题	名著人物赏析	2	80%	81.5%
6	简答题	文言文词语解释	2	80%	92%
7	简答题	文言文句子翻译	2	80%	83.5%

图5.1.2　学科知识点考查情况

（三）成绩查询

成绩查询是最基本的功能，为符合国家教育政策，成绩的公布需要提供以下开关，以符合不同的需求。

（1）按等级。

（2）按等级+分数。

（3）按等级+分数+班级均分。

（4）按等级+分数+班级均分+班级最高分。

以上不同显示方式支持自定义。

四、成绩数据安全

数字化教育系统建设中，数据安全是一个永恒的话题，除技术层面防止技术漏洞外，《教师数字素养》中提出的教师数字社会责任，教师要具备数据安全的意识和责任，要规范上网，合理使用数字信息，保护数字信息的安全。

第二节　数字化听评课平台

一、听评课系统

听评课系统本身是一个数字化的教研系统，该系统应该具备听课、评课、统计、考核的功能，应能够跨越时空，建立远程听评课的功能。

听评课系统的开发，要建立系统间的关联互通。

（一）教师档案系统

教师信息需要从教师档案系统获取，以及实现教师评价数据互通。

（二）学校课程系统

上课教师课程信息需要从学校课程系统中自动获取。

二、评价量表

评价量表包括的内容主要包括教学目的、教学设计、教学实施、教学效果、课堂互动等多个不同维度。评价量表应成为指导教师课堂教学的指挥棒，根据学科的国家课程标准制定不同的评价量表。评价量表根据需求灵活选择，评价指标如图 5.2.1 所示，评价量表方案如图 5.2.2 所示。

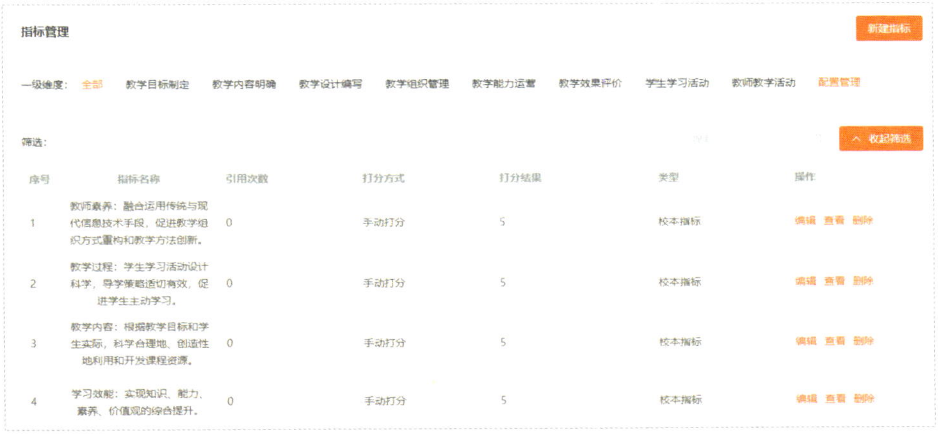

指标管理　　新建指标

一级维度：全部　教学目标制定　教学内容明确　教学设计编写　教学组织管理　教学能力运营　教学效果评价　学生学习活动　教师教学活动　配置管理

筛选：　　收起筛选

序号	指标名称	引用次数	打分方式	打分结果	类型	操作
1	教师素养：融合运用传统与现代信息技术手段，促进教学组织方式重构和教学方法创新。	0	手动打分	5	校本指标	编辑 查看 删除
2	教学过程：学生学习活动设计科学，导学策略适切有效，促进学生主动学习。	0	手动打分	5	校本指标	编辑 查看 删除
3	教学内容：根据教学目标和学生实际，科学合理地、创造性地利用和开发课程资源。	0	手动打分	5	校本指标	编辑 查看 删除
4	学习效能：实现知识、能力、素养、价值观的综合提升。	0	手动打分	5	校本指标	编辑 查看 删除

图 5.2.1　评价指标

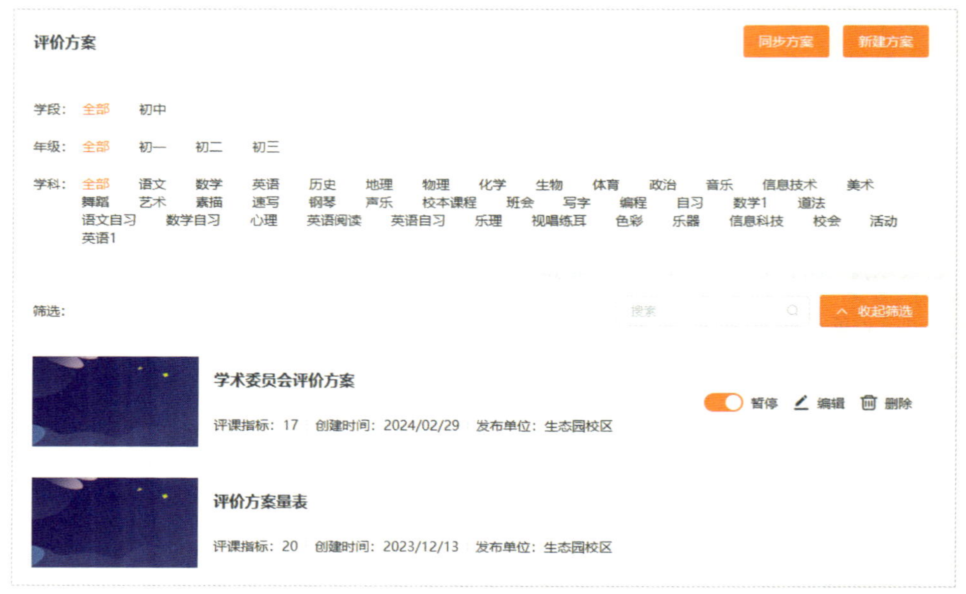

图5.2.2 评价量表方案

评价量表一般有定性评价、定量评价、综合评价三种方式：定性评价可以对各个指标使用如优、良、中、差等评价；定量评价有直接赋分与权重赋比的方式实施；综合评价除上述两种方式外，应包含无法进行量化的主观评语。图 5.2.3~ 图 5.2.6 是评价量表在实际应用中的权重设置。

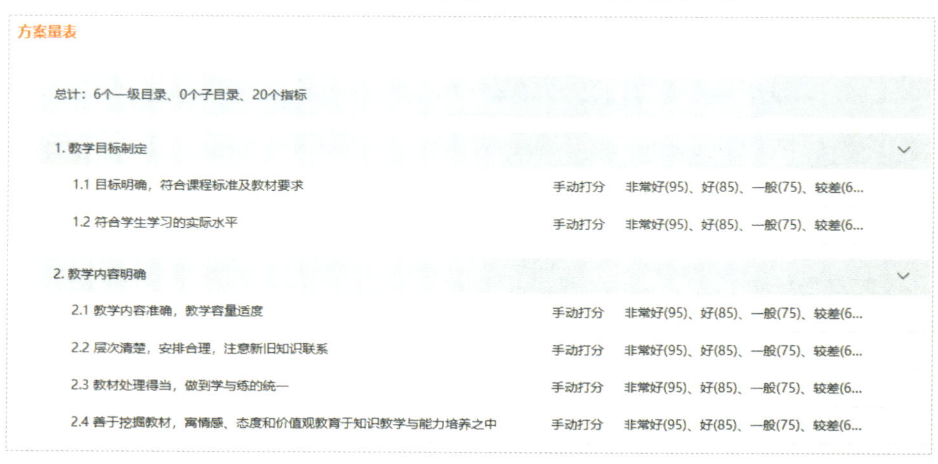

图5.2.3 定性评价

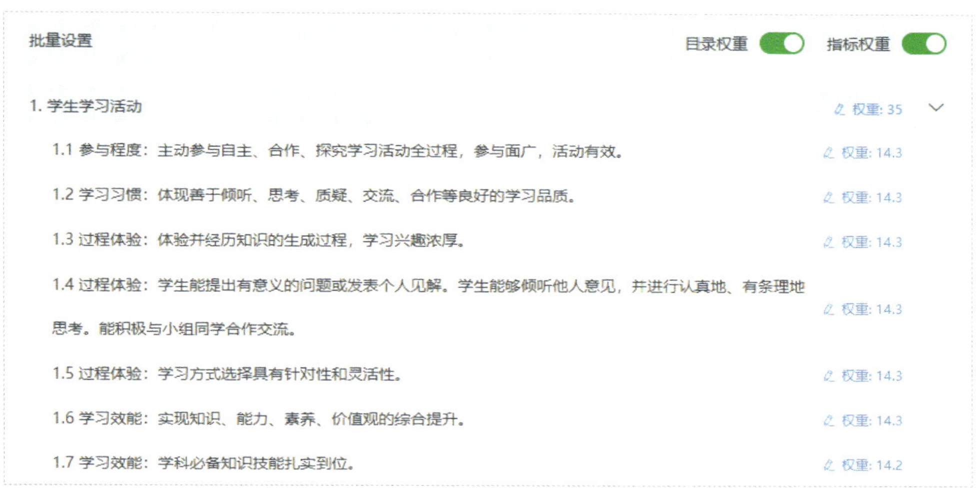

图5.2.4 定量评价

听课记录 1

评价指标		评价结果
教学目标制定	目标明确，符合课程标准及教材要求	分值5:
	符合学生学习的实际水平	分值5:
教学内容明确	教学内容准确，教学容量适度	分值5:
	层次清楚、安排合理，注意新旧知识联系	分值5:
	教材处理得当，做到学与练的统一	分值5:
	善于挖掘教材，寓情感、态度和价值观教育于知识教学与能力培养之中	分值5:
教学设计编写	新课导入自然合理，善于激发兴趣，调动学生参与	分值5:
	教学过程完整，环节清晰，突出重点，突破难点，讲练恰当	分值5:
	教法得当、灵活，注重探究式教学	分值5:
	发挥教师的主导作用，面向全体，师生互动，关注学生差异	分值5:
	坚持启发式教学，注重培养学生的学习方法、思维方法，提高学生发现问题、分析问题和解决问题的能力	分值5:
	教具和电化教学手段使用合理	分值5:
教学组织管理	学习兴趣盎然，思维活跃，积极投入，讨论热烈	分值5:
	训练面广，人人动脑动手，整体参与，自主学习，合作探究，课堂秩序良好	分值5:
	知识、技能、思想、情感和个性等全面发展	分值5:
教学能力运营	知识面宽，教态亲切，有驾驭课堂的应变调控能力	分值5:
	语言准确，简练，生动，逻辑严密且通俗易懂，体现学科特色	分值5:
	板书设计合理，工整美观，演示操作规范、熟练，有效到位	分值5:
教学效果评价	教学具有吸引力，能激发学生对本学科知识的兴趣，学生思维集中，学习积极性高	分值5:
	学生对教师讲授的重点内容印象深刻，能理解或掌握大部分课堂教学内容	分值5:

正确 错误 选择错了选项需修改 用笔划掉选错选项的文字部分，至少划俩笔 听课记录 1 第3页/共4页

图5.2.5 定量评价表

听课记录 1

评价指标		评价结果
学生学习活动	参与程度：主动参与自主、合作、探究学习活动全过程，参与面广，活动有效。	□非常好 □好 □一般 □较差 □差
	学习习惯：体现善于倾听、思考、质疑、交流、合作等良好的学习品质。	□非常好 □好 □一般 □较差 □差
	过程体验：体验并经历知识的生成过程，学习兴趣浓厚。	□非常好 □好 □一般 □较差 □差
	过程体验：学生能提出有意义的问题或发表个人见解。学生能够倾听他人意见，并进行认真地、有条理地思考。能积极与小组同学合作交流。	□非常好 □好 □一般 □较差 □差
	过程体验：学习方式选择具有针对性和灵活性。	□非常好 □好 □一般 □较差 □差
	学习效能：实现知识、能力、素养、价值观的综合提升。	□非常好 □好 □一般 □较差 □差
	学习效能：学科必备知识技能扎实到位。	□非常好 □好 □一般 □较差 □差
教师教学活动	教学理念：将落实立德树人根本任务的要求融入课堂教学各环节，促进学生自主、合作、探究学习，注重培养学生适应终身发展和社会发展需要的正确价值观念、必备品格和关键能力。	□非常好 □好 □一般 □较差 □差
	教学目标：符合学生的心理特征和认知水平，关注学生的个体差异。以学科阶段素养的培养为核心，注重创新精神和实践能力的培养。	□非常好 □好 □一般 □较差 □差
	教学内容：落实课程标准要求，重难点把握得当，容量适度。	□非常好 □好 □一般 □较差 □差
	教学内容：根据教学目标和学生实际，科学合理地、创造性地利用和开发课程资源。	□非常好 □好 □一般 □较差 □差
	教学过程：学生学习活动设计科学，导学策略适切有效促进学生主动学习。	□非常好 □好 □一般 □较差 □差
	教学过程：采用基于情境、问题导向的互动式、启发式探究式、体验式教学。	□非常好 □好 □一般 □较差 □差
	学习指导：演示、示范清晰、简练又有层次，能突出重点，化解难点。能够根据反馈信息对教学进程、难度进行适当调整。为每个学生提供平等参与的机会，关注学生的个体学习过程，能对学生进行有针对性指导。	□非常好 □好 □一般 □较差 □差
	教学评价：及时采用积极、多样化的评价方式，鼓励学生个性发展。关注学生的学习态度和过程，保护学生的自信心，尊重学生自主学习的结果和人格。	□非常好 □好 □一般 □较差 □差
	教师素养：深入理解学科特点、知识结构、思想方法，科学把握学生认知规律，教学语言清晰、准确、简练、通俗、生动、逻辑严谨。	□非常好 □好 □一般 □较差 □差
	教师素养：融合运用传统与现代信息技术手段，促进教学组织方式重构和教学方法创新。	□非常好 □好 □一般 □较差 □差

正确 错误 选择错了选项需修改 用笔划掉选错选项的文字部分，至少划俩笔 听课记录 1 第3页/共4页

图5.2.6 定性评价表

三、评教与统计

（一）评教分析

借助数字化听评课可以实现，对评价量表中涉及的评价项目，对授课教师进行全面的评价，生成科学、全面的评价数据和评价分析，实现以评促学、以评促教。

如图 5.2.7 所示，评价量表围绕教学目标、教学内容、教学设计、教学组织、教学能力、教学效果六个维度分别生成了对该教师的评价，并以雷达图的方式呈现；同时还生成了学校教师在各个维度上的平均分，与当前教师授课情况形成对比和参照。这六个维度分别有详细的评价明细，供授课教师进行自我剖析，除此之外，还有教师的主观评语评价，如图 5.2.8 ~ 图 5.2.14 所示。

图5.2.7 综合评价

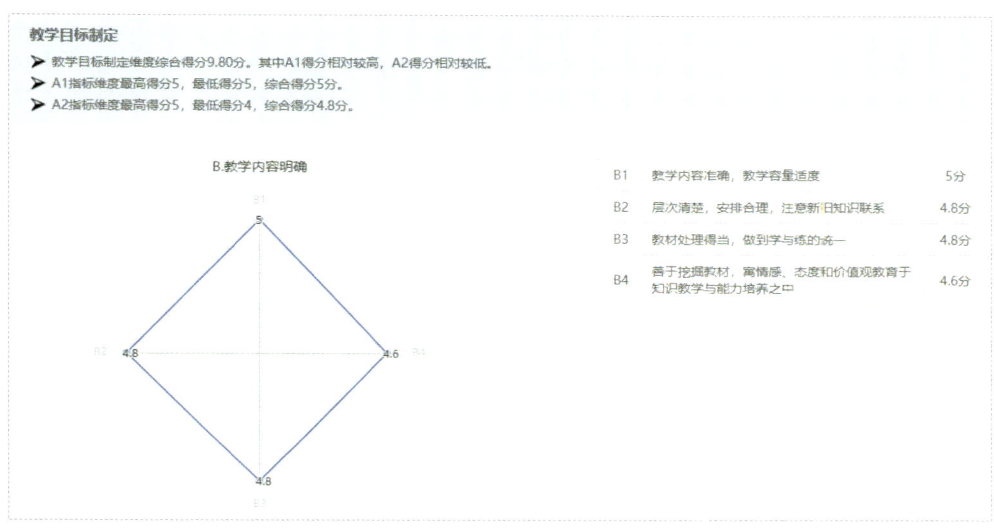

图5.2.8 教学目标维度分析

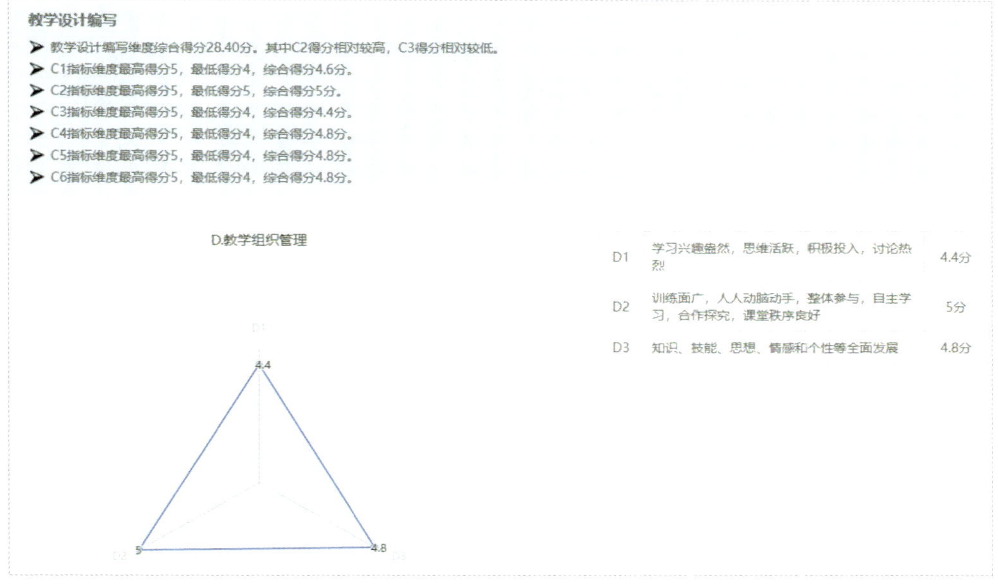

图5.2.9 教学设计维度分析

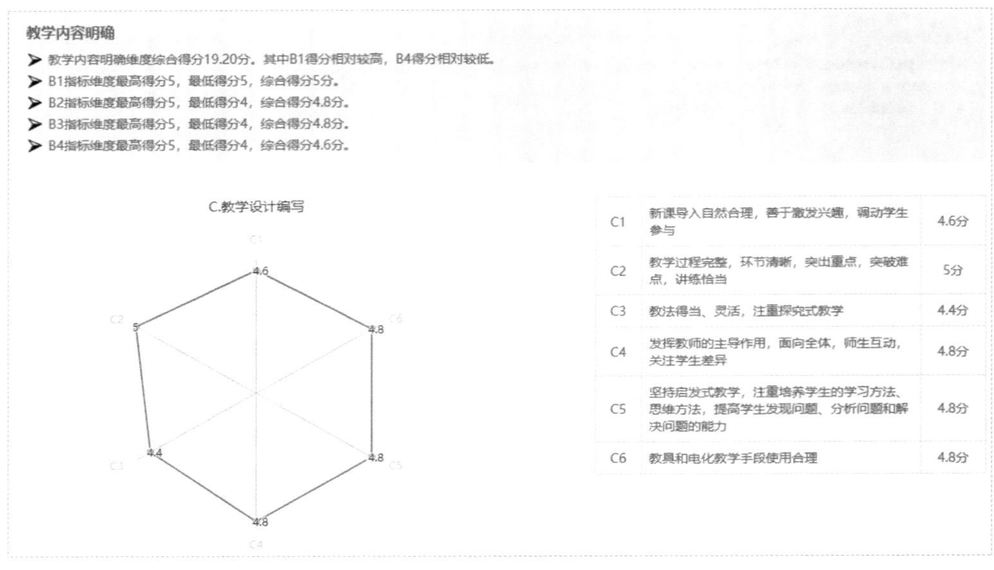

教学内容明确

- 教学内容明确维度综合得分19.20分，其中B1得分相对较高，B4得分相对较低。
- B1指标维度最高得分5，最低得分5，综合得分5分。
- B2指标维度最高得分5，最低得分4，综合得分4.8分。
- B3指标维度最高得分5，最低得分4，综合得分4.8分。
- B4指标维度最高得分5，最低得分4，综合得分4.6分。

C1	新课导入自然合理，善于激发兴趣，调动学生参与	4.6分
C2	教学过程完整，环节清晰，突出重点，突破难点，讲练恰当	5分
C3	教法得当、灵活，注重探究式教学	4.4分
C4	发挥教师的主导作用，面向全体，师生互动，关注学生差异	4.8分
C5	坚持启发式教学，注重培养学生的学习方法、思维方法，提高学生发现问题、分析问题和解决问题的能力	4.8分
C6	教具和电化教学手段使用合理	4.8分

图5.2.10　教学内容维度分析

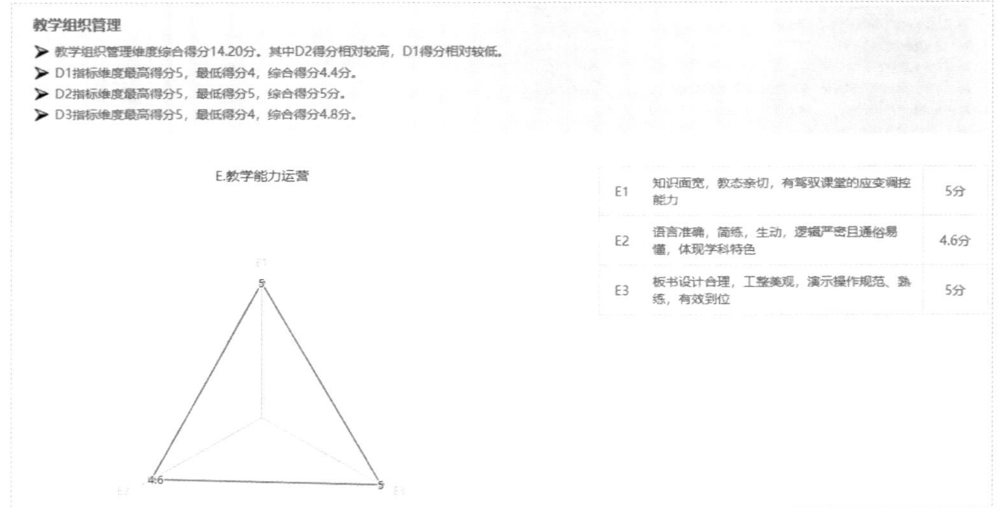

教学组织管理

- 教学组织管理维度综合得分14.20分，其中D2得分相对较高，D1得分相对较低。
- D1指标维度最高得分5，最低得分4，综合得分4.4分。
- D2指标维度最高得分5，最低得分5，综合得分5分。
- D3指标维度最高得分5，最低得分4，综合得分4.8分。

E1	知识面宽，教态亲切，有驾驭课堂的应变调控能力	5分
E2	语言准确，简练，生动，逻辑严密且通俗易懂，体现学科特色	4.6分
E3	板书设计合理，工整美观，演示操作规范、熟练，有效到位	5分

图5.2.11　教学组织维度分析

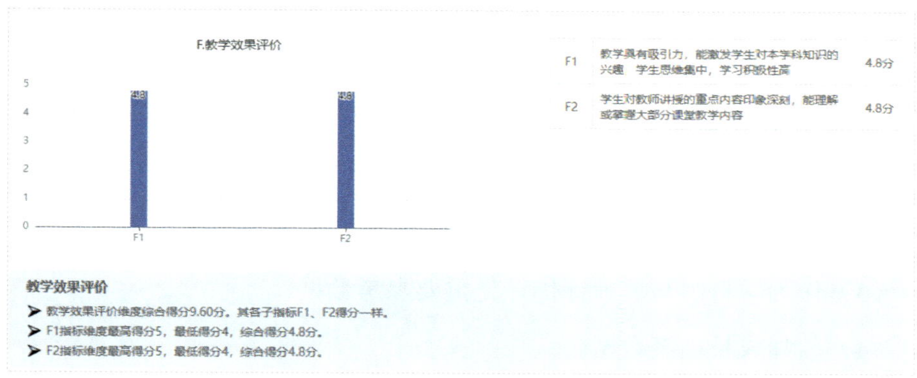

图5.2.12 教学效果维度分析

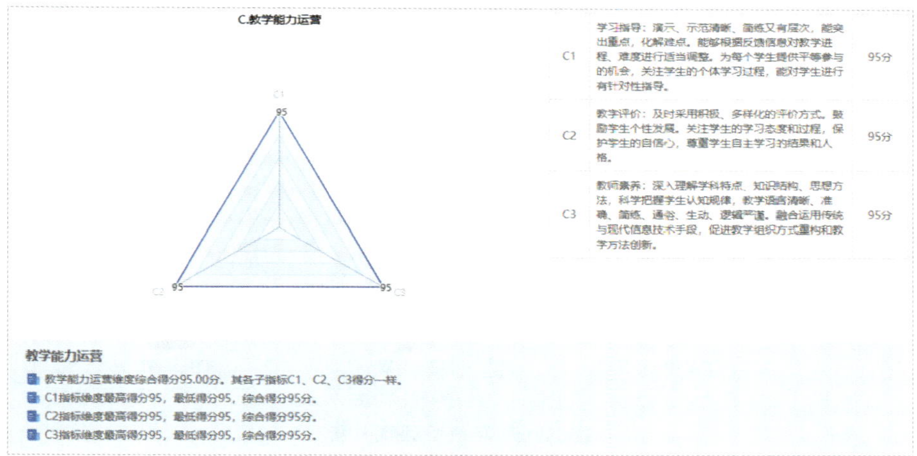

图5.2.13 教学能力运营

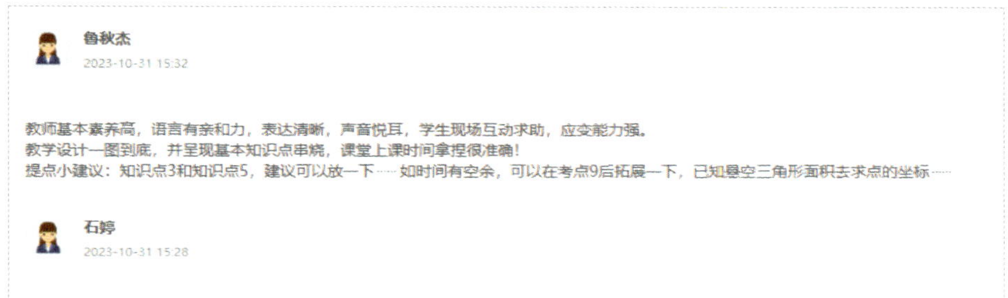

图5.2.14 主观评语维度分析

（二）听评课数据统计

听评课的另一重要作用是统计教师上公开课、听课的数据（见图 5.2.15~图 5.2.19），该数据的作用主要体现在以下几个方面。

（1）检测学校教研氛围。

（2）检测教师教研行为。

（3）作为学科组与教师评优评先重要参考数据。

（4）教师成长档案数据。

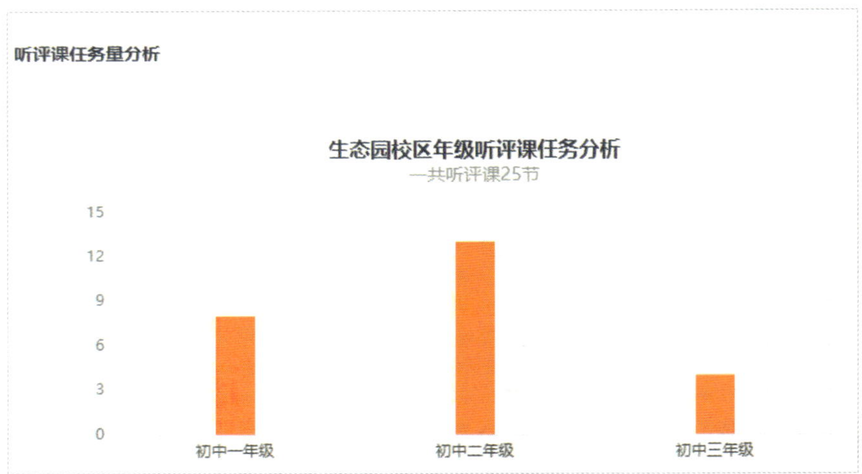

图5.2.15 年级听评课分析

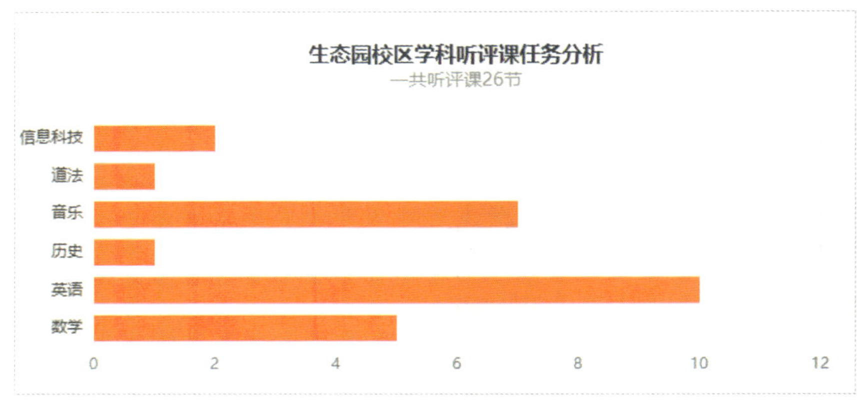

图5.2.16 学科听评课分析

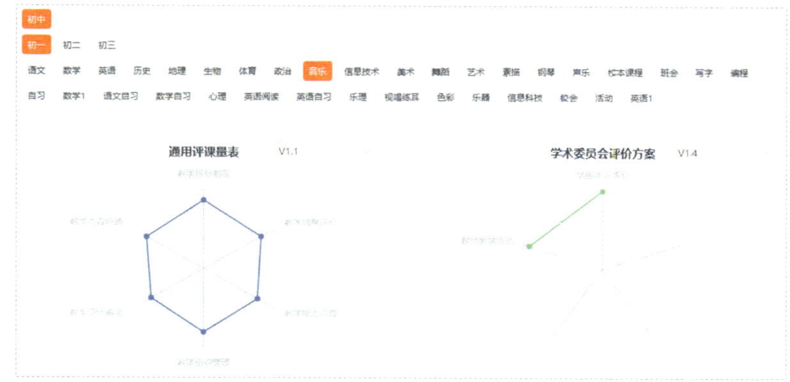

图5.2.17 学科与评价量表分析

听评数据 全部

序号	姓名	性别	学校/单位	评课节次	操作
1	李百平	男	生态园校区	1	详情
2	刘优	女	生态园校区	2	详情
3	杨璐	女	生态园校区	2	详情
4	邝国祥	男	生态园校区	1	详情
5	韦智聪	男	生态园校区	2	详情
6	王怡丹	女	生态园校区	2	详情
7	张紫薇	女	生态园校区	2	详情
8	陈舒仪	女	生态园校区	2	详情
9	邱思琦	女	生态园校区	1	详情
10	潘柏铭	男	生态园校区	1	详情

1 2 › 尾页 前往 1 页 共12条 条目 10条/页

上课数据 全部

序号	姓名	性别	学校/单位	上课节次	操作
1	杨璐	女	生态园校区	1	详情

图5.2.18 教师听评课数据统计

图5.2.19 教师听评课量表数据分析

（三）线上听评课

数字化时代，听评课不仅可以线下进行，线上同样可以进行，线上听评课支持两种模式，一是线上录播课，二是线上直播课，通过线上进行评课互动。

对于线上直播课，可以根据需要设置相关参数，如图 5.2.20 所示。

图5.2.20　线上直播课

四、评课途径

（一）线上课程

可以通过二维码扫码评课（见图 5.2.21），也可以通过捆绑的微信服务号、钉钉端、相关应用的 App 等途径实现。

图5.2.21　扫码评课

（二）线下评课

线下课程通过数字化听课本记录，以扫码的方式上传到平台。

图5.2.22~图5.2.25是截取了数字化听课本中的几个关键页面，除封面外，其他每个页面上方均有条形码，是用以扫描识别页面信息的。

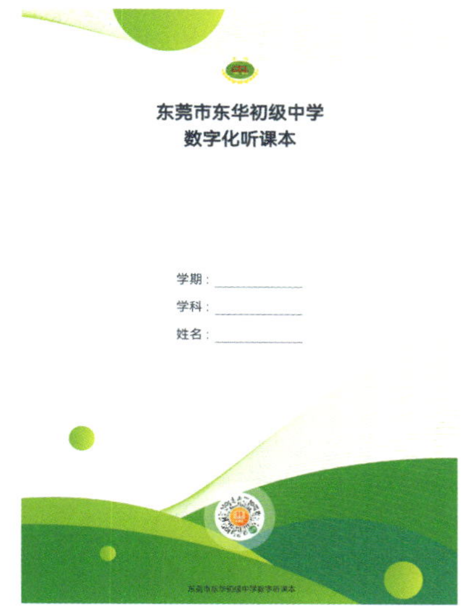

图5.2.22 数字听课本封面

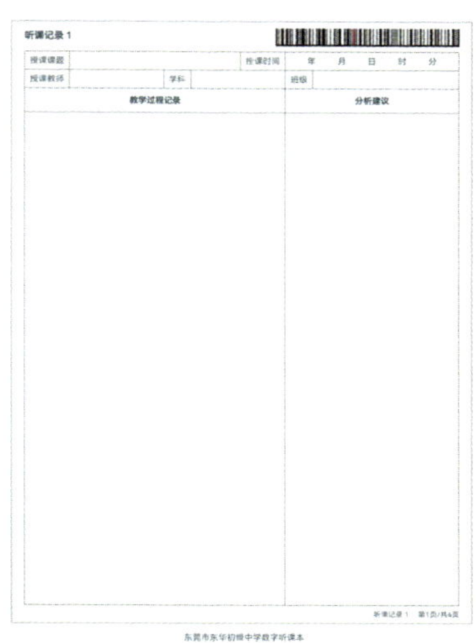

图5.2.23 数字听课本信息第一页

听课记录 1

评价指标		评价结果
学生学习活动	参与程度：主动参与自主、合作、探究学习活动全过程，参与面广，活动有效。	□非常好 □好 □一般 □较差 □差
	学习习惯：体现善于倾听、思考、质疑、交流、合作等良好的学习品质。	□非常好 □好 □一般 □较差 □差
	过程体验：体验并经历知识的生成过程，学习兴趣浓厚。	□非常好 □好 □一般 □较差 □差
	过程体验：学生能提出有意义的问题或发表个人见解。学生能够倾听他人意见，并进行认真地、有条理地思考。能积极与小组同学合作交流。	□非常好 □好 □一般 □较差 □差
	过程体验：学习方式选择具有针对性和灵活性。	□非常好 □好 □一般 □较差 □差
	学习效能：实现知识、能力、素养、价值观的综合提升。	□非常好 □好 □一般 □较差 □差
	学习效能：学科必备知识技能扎实到位。	□非常好 □好 □一般 □较差 □差
教师教学活动	教学理念：将落实立德树人根本任务的要求融入课堂教学各环节，促进学生自主、合作、探究学习，注重培养学生适应终身发展和社会发展需要的正确价值观念、必备品格和关键能力。	□非常好 □好 □一般 □较差 □差
	教学目标：符合学生的心理特征和认知水平，关注学生的个体差异，以学科阶段素养的培养为核心，注重创新精神和实践能力的培养。	□非常好 □好 □一般 □较差 □差
	教学内容：落实课程标准要求，重难点把握得当，容量适度。	□非常好 □好 □一般 □较差 □差
	教学内容：根据教学目标和学生实际，科学合理地、创造性地利用和开发课程资源。	□非常好 □好 □一般 □较差 □差
	教学过程：学生学习活动设计科学，导学策略适切有效，促进学生主动学习。	□非常好 □好 □一般 □较差 □差
	教学过程：采用基于情境、问题导向的互动式、启发式、探究式、体验式教学。	□非常好 □好 □一般 □较差 □差
	学习指导：演示、示范清晰，简练又有层次，能突出重点，化解难点。能够根据反馈信息对教学进程、难度进行适当调整。为每个学生提供平等参与的机会，关注学生的个体学习过程，能对学生进行有针对性指导。	□非常好 □好 □一般 □较差 □差
	教学评价：及时采用积极、多样化的评价方式，鼓励学生个性发展。关注学生的学习态度和过程，保护学生的自信心，尊重学生自主学习的结果和人格。	□非常好 □好 □一般 □较差 □差
	教师素养：深入理解学科特点、知识结构、思想方法，科学把握学生认知规律，教学语言清晰、准确、简练、通俗、生动、逻辑严谨。	□非常好 □好 □一般 □较差 □差
	教师素养：融合运用传统与现代信息技术手段，促進教学组织方式重构和教学方法创新。	□非常好 □好 □一般 □较差 □差

听课记录 1 第3页/共4页

东莞市东华初级中学数字听课本

图5.2.24 数字听课本评价量表页

图5.2.25 数字听课本总评页

1. 封面页

封面（见图 5.2.22）底部有个微信小程序二维码，供教师扫码捆绑数字化听课本，教师扫码后，该听课本将自动捆绑到自己账号下。

2. 信息页

信息页（见图 5.2.23）主要记录授课人相关信息，以及听课记录，授课人信息扫码时系统将自动识别，并记录进听评课系统中。

3. 评价量表页

评价量表页（见图 5.2.24）是由学校定制的，扫码后系统自动识别对该节课的评价数据，并自动上传到系统，生成数据。

4. 评价总评页

评价总评页（见图 5.2.25）是对该教师本节课的主观文字评价，扫码时系统自动识别，并记录进系统中。

图 5.2.26 ~ 图 5.2.29 是微信小程序扫码后的效果。

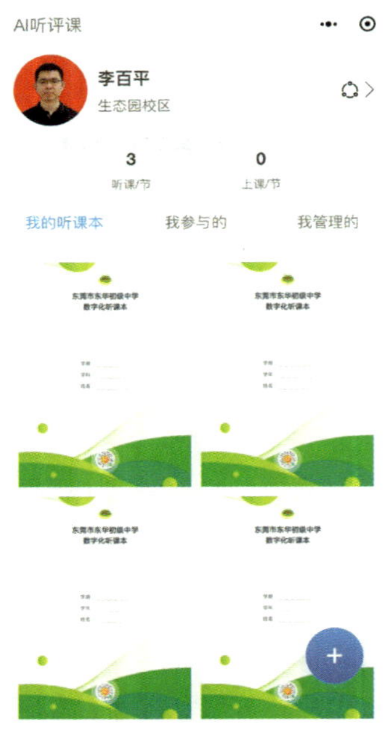

图5.2.26　捆绑的听课本

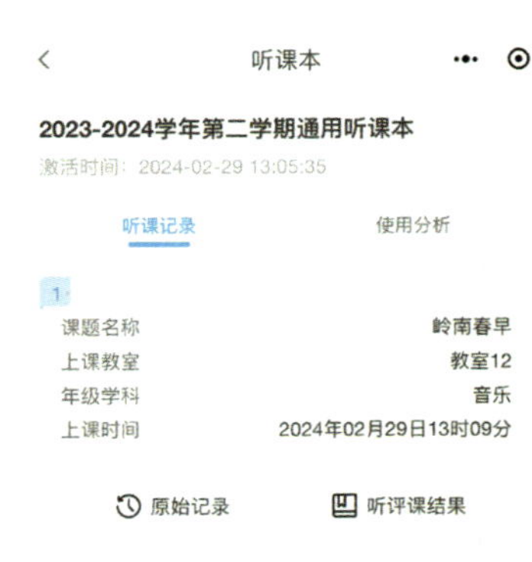

图5.2.27　听课记录

图5.2.28 评价量表　　　图5.2.29 原始记录

第三节 数字化资源平台

一、校本资源库建设

校本资源库主要包括教学课件、教学设计、微课、题库、卷库等资源，也包括班会课课件、活动策划方案、主题讲座、培训等资源，建设资源库时应尽量将教师教学活动、德育活动的资源集中整理，建设全面的资源库。

为了方便不同类型资源的上传与下载，提高上传下载的效率，系统规划设计时应提供自定义选择上传或下载时选择的相关字段信息。

（一）教学课件与设计

教学课件与教学设计上传或下载时，按照学段、学期、学科、课程单元上传下载，提高上传或下载的效率。

（二）微课、题库、卷库

微课、题库、卷库在上传或下载时，要按照学段、学期、学科、课程单元、知识点、难易度上传或下载，提高资源的知识点分布精度。

（三）班会课、活动方案、主题讲座与培训

班会课、活动方案、主题讲座或培训，要按照年级、类别上传或下载，提高上传或下载的效率。

（四）校本课程资源

校本课程资源要支持按照课程、年级上传下载，为资源上传下载提高效率。

上述几类资源的上传方式以及筛选的方式应有所区别，不同资源有不同的个性。

二、建立生态链的激励机制

校本资源库重在更新，重在累计，学校要从顶层建设资源库的激励机制，将资源库建设作为学校教学部门一项重要工作落实，将教学资源库建设实行积分机制，与教师评优评先、荣誉奖励挂钩。

（一）建立贡献值概念

依据资源贡献量、访问量、下载量、转载量、转存量几个不同指标，综合衡量教师资源的价值。

贡献量：资源贡献的数量。

访问量：资源被其他教师访问的次数。

下载量：其他老师下载的次数。

转载量：该资源被教师转载分享给其他老师的次数。

转存量：资源被其他教师保存到自己网盘的次数。

上述几个指标按照一定比例，折合成该教师在资源方面的贡献值，依据该贡献值评价教师。

（二）资源积分机制

资源上传下载要建立积分机制，上传奖励积分，下载消费积分，通过积分制建立良性的资源共享机制。

作者可以对上传的资源进行定价，其他教师需要该资源，需要支付相应的积分，如图 5.3.1 所示。系统平台可以对积分的兑换比例进行实时调控，如图 5.3.2 所示。

图5.3.1 课程定价

图5.3.2 积分机制应用场景设置

三、权限管理

教育教学资源是学校重要的数字资产，系统要建立安全细致的资源管理权限。

（一）学科权限

应限定教师仅限下载的范围，仅限本学科教师下载本学科的资源。

（二）年级权限

应限定本年级的教师仅限下载本年级的资源。

（三）频次权限

应限定教师在特定时间内下载资源的频次。

对于超过限制范围的，需要在系统内发起审批流，由学科科长审核，并抄送学校教导主任。

对于操作权限也应做出相应限定。

教导主任（副主任）：仅限查看、编辑、下载本年级（全校）资源。

学科科长（科组长）：仅限查看、编辑、下载本学科、本年级（全校）资源。

对于教导主任、学科科长超过限制范围的需求，在系统内发起审批流，由主管副校长审核。

四、资源大数据看板

为加强资源库建设和管理，应提供资源大数据看板，资源大数据看板应涵盖有关资源的各类统计、警报、教师个人主页等信息。

（一）统计

（1）统计学校资源总量及日、周、月、学期、学年曲线图。

（2）统计学科资源总量及日、周、月、学期、学年曲线图。

（3）总计年级、学科资源总量及日、周、月、学期、学年曲线图。

（4）统计年级、学科、备课组资源总量及日、周、月、学期、学年曲线图。

（5）按日、周、月、学期、学年统计资源上传、下载、转发、转存资源数，以及在各年级、各学科的分布。

（6）上传、下载、点击、转发、转存排行榜，从时间上按日、周、月、学期、学年排行，除总排行外，支持按学科、按年级学科分别排行榜。

（7）按日、周、月、学期、学年呈现学科优质资源下载、点击、转存、转发排行榜。

教学部门应及时关注各统计表，对资源统计存在异常现象的及时介入处理，保障资源共享机制的有序落实。

（二）警报

对于资源存在可能外泄的可能，下载频率异常的及时预警，资源管理员以及教学干部应及时给予关注，保障学校资源安全。

（三）教师个人主页

教师个人主页应涵盖教师上传、下载、浏览、收藏的资源列表，支持呈现自己资源被下载、浏览的排行。

五、活动功能

资源中心应支持发起资源征集活动，支持设置评委在线评分，支持建立优质资源专题，将历次资源征集活动的优质资源推送到资源专题，获得推送的资源，作者给予相应奖励。

第三篇 数字化管理

第六章　数字化决策与实施

第一节　自上而下的决策与执行

一、自上而下的转型

2024年全国教育工作会议提出，要不断开辟教育数字化新赛道。坚持应用为王走集成化道路，引领教育变革创新。国家教材委员会作出工作部署，加快推进教材数字化转型，促进教材建设服务国家重大战略和人才培养需求。数字化已不再是一个口号，变革既是时代发展需求，也是顺应时代发展而进行的一场自上而下的进化，我们应该怀着积极的心态，更新理念、改变观念、顺应趋势、拥抱变化，这样才能让我们在教育大变革中与时俱进，走在时代前列。

二、规划与实施

数字化转型要从制度规划、行动规划、应用实践三方面进行（见图6.1.1）。

图6.1.1　学校数字化转型

(一) 制度规划

数字化转型要从学校制度层面做总体规划布局，制度的制定是一切变革的基础。

1. 管理制度

学校的评价制度、考勤制度、课程规划、安全管理、班级量化评比、职称晋升、集体教研制度、资源共享制度等均可制定数字化管理规章制度，将传统的模式转为数字化模式跟进落实，建立学校管理大数据。

2. 评价制度

评价制度包括学科评价、年级评价、教师评价、学生评价四部分，建立数字化评价制度（见图 6.1.2）。

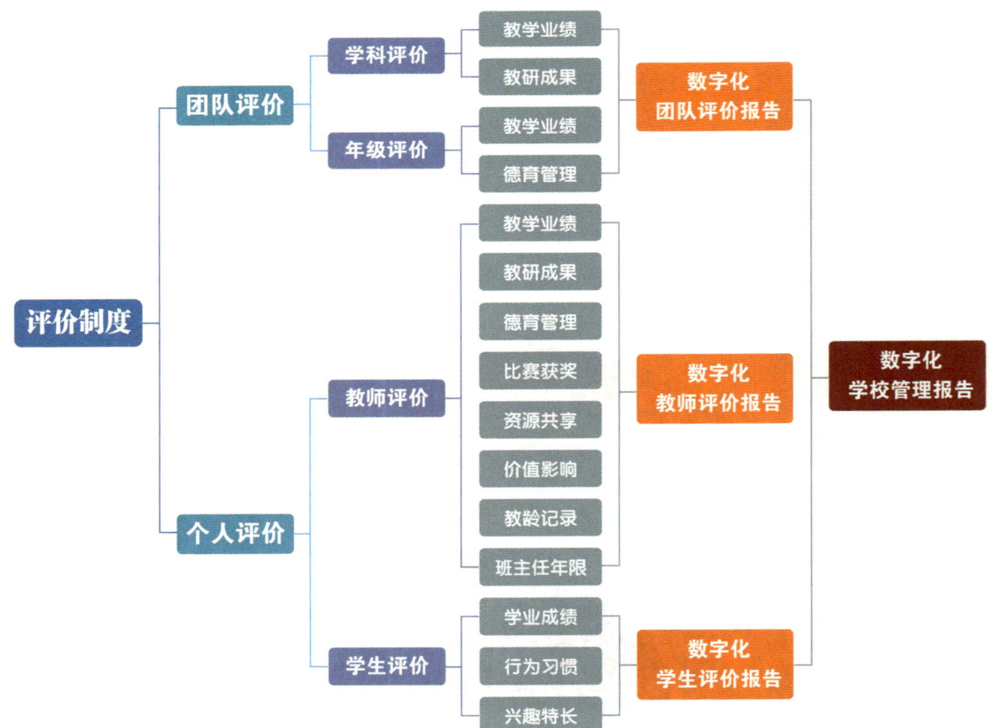

图 6.1.2 评价制度数字化模块

学科评价和年级评价是以团队的形式进行评价，主要对团队负责人进行评价，将教学业绩、教研成果、德育管理转化成可量化的，以数字化形式呈现，建立团队评价大数据，将大数据作为团队评优评先的主要依据。

教师评价包括教师个人教学业绩、教研成果、德育管理、资源共享、价值影响、比赛获奖、评优评先，以及教师教龄、班主任年限、岗位记录、职称记录等信息以数字化形式呈现，建立教师个人评价大数据，将教师大数据作为教师评优评先的主要依据。

学生评价包括学生学业成绩、行为习惯、兴趣特长等信息，以数字化形式呈现，建立学生评价大数据，将学生大数据作为学生评优评先的主要依据。

3. 评优制度

用评价制度大数据作为团队、教师、学生等对象的评优评先主要依据，最大限度地用制度说话，规避人的因素对评优评先的影响，让优秀的个人和团队能够在集体中被发现、被认可。

评优制度数字化的前提是要建立科学、客观、公正的评价制度，要获得教师代表大会的一致通过，并将评价制度以正式文件形式在全校范围内公示。

4. 考核制度

考核制度是一个学年工作结束后，对全校范围内的教师、干部进行年度考核的一个制度，年度考核分教师考核和干部考核两类（见图 6.1.3）。

教师考核：数字化系统依据教师的教学业绩、教研成果、德育管理、荣誉获奖、工作量、资源共享等数据，智能地为教师生成一份基础考核报告，由相应管理团队对教师进行工作作风、工作状态的考核，形成该教师的综合考核。

干部考核：数字化系统依据干部的团队教学业绩、德育管理成果、团队教研成果智能地为干部生成一份基础考核报告，由上级直接领导干部、下属一线教师针对干部的工作能力、工作成效、工作作风、工作状态进行考核，形成针对该干部的综合考核。

依托考核大数据，以学期为单位，为每位教师和干部生成成长报告，作为教师和干部考核的重要依据。

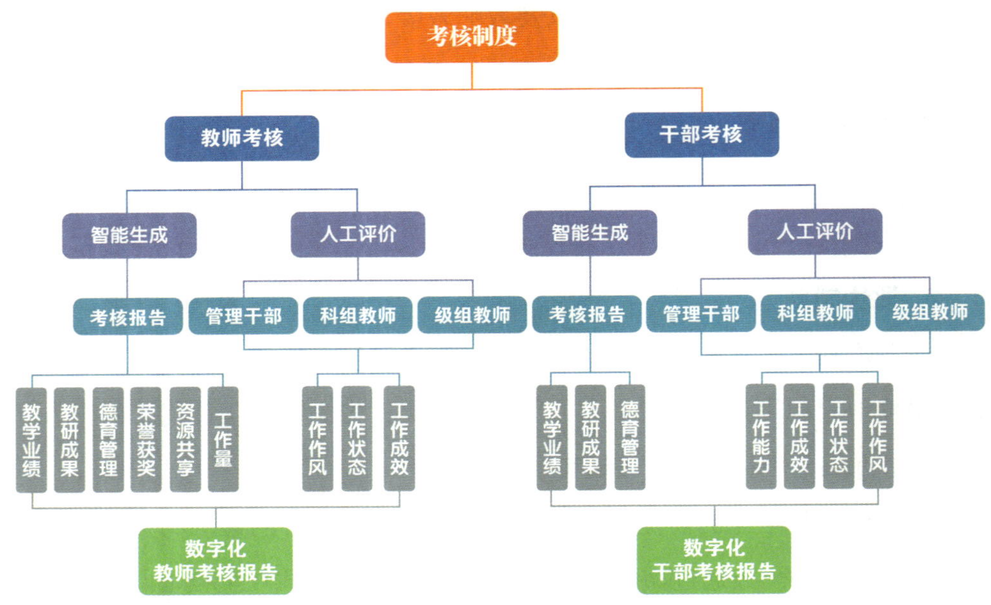

图 6.1.3　考核制度模块

（二）行动规划

在数字化探索实践过程中，我们发现难点来自几方面，一是资金投入，二是理念改变，三是技术推广，四是实践应用。当校园数字化建设一旦启动，意味着资金问题已解决，后面的难题需要我们制订相应的计划，逐个落实。

1. 思想引导

学校领导需要从学校发展的高度，确定数字化校园的发展目标、战略规划、实施步骤和时间表，总体规划应充分考虑学校的特点和发展需求。目标、计划、实施步骤和时间表确定后，关于思想建设方面，需要分两步走。

第一步，领导层必须就推进数字化建设达成统一思想。数字化是一个新鲜事物，领导团队首先要具备一定的数字化素养和意识，带领学校各团队在数字化推进过程中逐级落实。

第二步，对全体教师从思想上做引导，营造数字化实施的氛围，建立老师们使用数字化校园的意识，借助数字化、智能化的设备分析教育教学中的问题，建立从数据中找原因、找方法的意识、技术和能力，这是今天新的教育背景下，作为教师必须具备的数字化素养。

2. 数字团队

增设学校数字中心职能部门，与学校办公室、教导处、思政处、总务处同级独立，归校长办公会直接领导，强化数字校园建设（见图6.1.4和图6.1.5）。

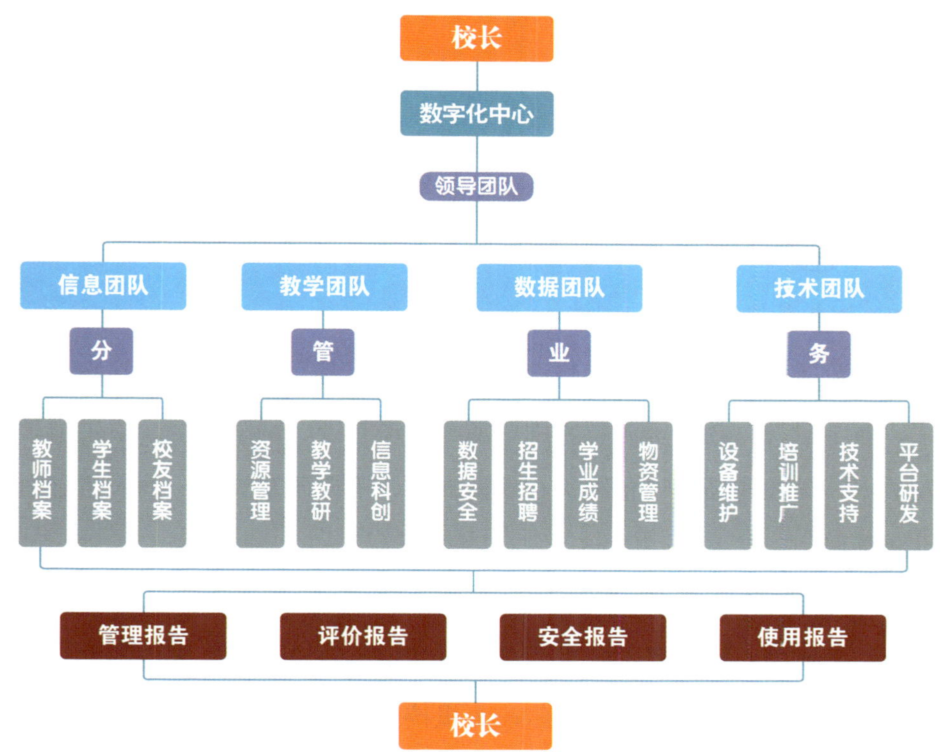

图 6.1.4 校园数字中心

图 6.1.5 设立数字中心职能部门

1）完善数字中心管理团队

完善学校数字化中心管理团队，并在信息中心管理团队下组建信息团队、教学团队、数据团队、技术团队。将信息中心作为学校核心部门，提升到学校重要的位置，由专业化的信息中心团队在校长办公会决策指导下，统筹建设数字化校园。

2）强化数字中心部门职能

强化数字中心部门职能，建设学校大数据中心，将学校教师档案、学生档案、教学资源、教研资源、题库资源、资产管理、网络安全、招生招聘、校友数据、学业成绩、设备维护、数据安全、平台研发等统一纳入信息中心建设和管理。

3）赋能数字中心业务职责

赋能数字中心学校日常管理业务职责，中心负责每月生成校园数字化建设各个板块的管理数据和分析报告，上报校长办公会和学校各处室，对数字化校园建设中推广、落实等环节存在的问题提出指导性意见和要求，规范化校园数字化的使用和推广。

4）规范数字中心数据流程

确保数据安全，规范各类数据出入口，重点规范以下各种数据流程（见图 6.1.6）。

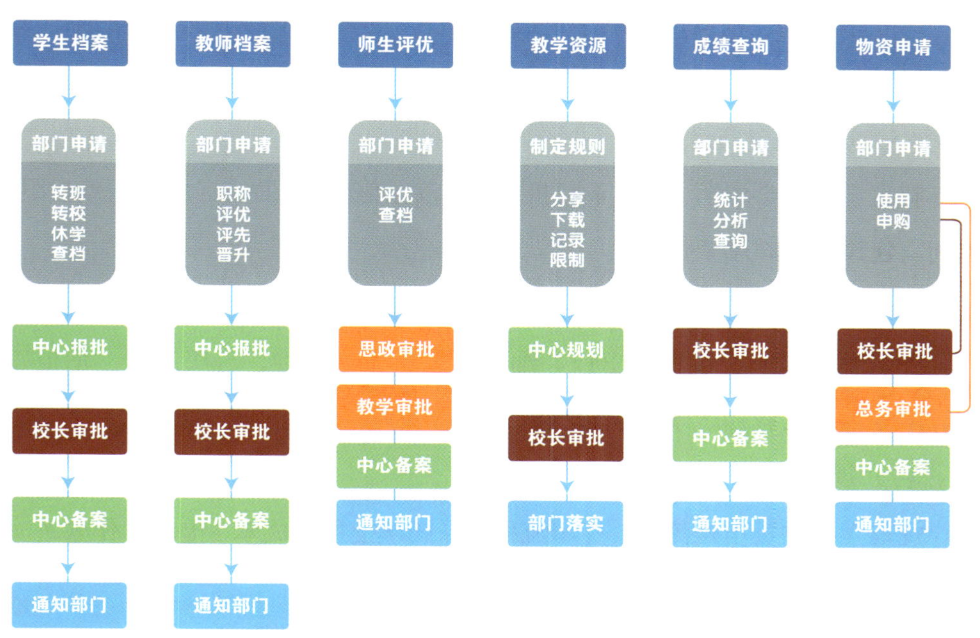

图 6.1.6　规范使用数字中心数据流程

（1）规范学生出入口流程

学生转班、转校区、办理休学等由各年级在线申请，数字化中心初审，校长终审。

（2）规范师生档案数据

建立师生档案大数据，各年级各部门需求数据，在线申请，数字化中心审核后提供各类数据，规避让家长、教师重复填写数据的情况。

（3）规范教师职称、评优流程

建立教师成长档案，规范成长积分，建立教师考核机制，建立教师职称评定系统，评价数据作为职称晋升、评优评先的唯一依据。

（4）规范学生评优流程

建立学生成长档案，记录学生成长过程，其数据作为学生评优的唯一数据依据。

（5）规范教学资源管理

制定学校教学资源上传、下载机制，规范上传标准、内容，规范下载权限、机制，建设学校教学资源库。

（6）规范学业成绩统计查询

规范学生学业成绩查询出口，细化知识点分数查询、等级查询、增值查询等维度；建立教师教学业绩数据库，规范教师教学业绩查询系统。

（7）规范物资申请流程

规范学校物资申购流程，打印流程，降低学校物资成本，提高工作效率。

3. 业务培训

信息中心技术团队负责规划校园数字化业务培训，制作专业培训手册，从培训对象上，分别面向教师、学生、家长、后勤人员等不同群体的培训；从培训内容上，分别就教研模块、评价模块、档案模块、学籍模块、安全模块、资源模块等不同模块制定培训手册，开展培训。

4. 技术提升

信息中心作为学校数字化校园建设的团队，要不断学习，不断提升团队整体信息技术能力，及时了解最新技术手段，服务学校教育教学。信息中心自己提升的同时，要通过业务培训等方式，不断提升教师的数字素养和技术能力。

(三) 应用实践

数字化校园建设的应用实践应从学校整体规划布局，筹划学校数字化校园的模块构建，校园安全模块、教学教研模块、德育管理模块、智能办公模块、资源服务模块、后勤保障模块等，除图 6.1.4 设置的信息中心外，每个模块的落实和推广要落实部门责任制，构建学校由信息中心到各处室的数字校园建设和实施的管理团队。

1. 管理应用

管理类应用涉及考勤系统、物资管理系统、办公系统、师生档案系统、预约系统、维修系统等，是模块最为丰富的一大类，涉及学校办公室、总务处的模块较多，涉及的部门处室要协调信息中心技术团队对相关工作人员落实培训、指导。

2. 评价应用

评价类应用主要涉及师生评价系统，主要由教学教研部门、德育管理部门使用较为频繁，评价类应用要建立从培训、使用、审查、反馈、改进的完整流程，确保评价类数据的真实、严谨、科学。

3. 考核应用

考核应用涉及办公室、教学部门、德育部门、总务部门共同使用的应用，与评价类应用数据互通，涉及教师、学生、后勤服务人员的评优评先。

4. 教学应用

教学类应用是数字化校园建设的主体，包含智能化教室设备、阅卷系统、成绩分析系统、题库系统、课堂交互系统、慕课系统等，教学部门需要制定学校数字化课堂教学推进表、赛课等计划，全年贯彻落实数字化课堂教学应用，通过广泛的应用，建立相对科学、严谨的学校教学类大数据。

教学类应用应关注的点如图 6.1.7 所示。

图 6.1.7　教学类应用应关注的点

1）从学生角度出发，数字化推进的关注点

（1）课堂学生学习行为的数字化。

（2）学生课堂互动的数字化。

（3）知识点掌握的数字化。

（4）作业登记的数字化。

（5）成绩分析的数字化。

2）从教师角度出发，数字化推进的关注点

（1）集体备课、教研的数字化。

（2）听评课的数字化。

（3）资源共享的数字化。

（4）日常作业批阅的数字化。

（5）课堂教学方式的数字化。

3）从学校角度出发，数字化推进的关注点

（1）数字化硬件的建设。

（2）数字化软件的建设。

（3）数字化的数据安全。

（4）学校资源库的建设。

（5）数字化推进的情况。

数字化时代，教育部提出“应用为王”，并将探索数字化应用纳入教师和管理者工作考核，不久的将来，学校的数字化建设要从“应用”做起。

第二节　系统的数字化培训

数字化教育发展势头十分迅猛，各种新技术层出不穷，一时间从学校领导到一线教师，面对眼花缭乱的各种新名词、新技术无从下手，传统的教育方式依然是当前教育方式的主流，零星的数字化探索在个别教师教育中进行，学校数字化教育亟待进行系列化的培训，全面提升教师数字化素养。

党的二十大报告明确提出要“推进教育数字化”，教师是提升教育水平的主力，要不断提升教师的能力素养。教师数字素养包括五个维度，即数字化意识、数字技术知识与技能、数字化应用、数字社会责任、专业发展。

培训要围绕着《教师数字素养》中提到的上述五个维度展开（见图 6.2.1）。

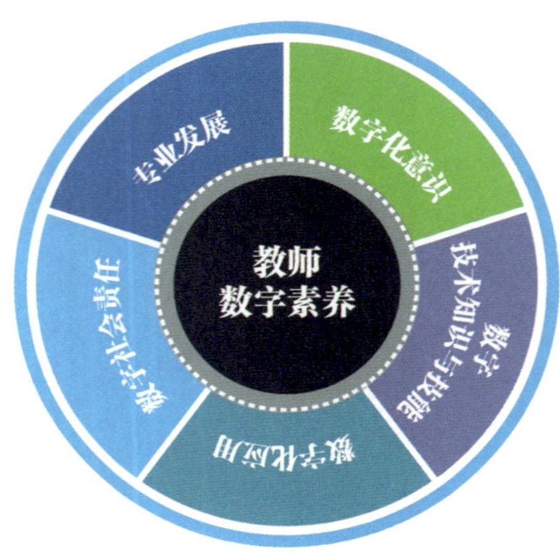

图6.2.1 教师数字素养

一、数字化培训方案

（一）数字化意识

《教师数字素养》中提到，数字化意识包括对数字化的认识、数字化的意愿、数字化的意志三个维度。

在培训中重点呈现以下信息。

（1）数字化技术在教学中给我们的教学理论、教学模式、教学方法带来的变化，以及提出的要求。

例如，数字化模式下，能够精准地呈现班级知识点的掌握情况、学生个体知识点的掌握情况，自己任教班级的知识点落实情况。这是对精细化教学带来的极大优势。

再如，借助数字化教学资源建设慕课平台，拓宽学生的视野；针对学生学习进度分层的情况，教师的教学方法如何改进，做到因材施教，这是对我们教学模式、教学方法提出的新要求。

（2）教师主动学习新技术，使用新技术进行教学实践探索的意愿。

例如，希沃白板带来的优势、WPS 中大量的教学资源、借助数字化评价关注学生学习行为等新技术和新应用，要给老师提供更多使用场景和使用指南。

（3）营造数字化教育的风气与氛围。

例如，要组织各类讲座、展示课、新技术大赛、评优评先、专项课题研讨等，营造数字化教育的氛围。

（二）数字技术知识与技能

数字技术与技能的培训涉及两个层面：一是理论层面；二是技术层面。理论层面要通过讲座、论坛、课题研讨等方式和教师自学方式，不断提升理论水平。

技术层面培训要加强对数字化设备、平台、软件的使用方法的教学与培训，调研各个学科常用的教学类工具、管理工具，组织相关的培训讲座和研讨交流。

（三）数字化应用

数字化应用是教师数字素养的直接体现，分为以下四个维度。

1）数字化教学设计

要改变传统的教学方式，适应在数字化教学下，设计自己的课堂，获取、管理和制作自己的教学资源，要具备这种意识，更要掌握这种能力。

2）数字化教学实施

要能够利用数字技术和数字设备开展教学活动，包括课堂互动、分层教学等，并能够形成教学实施效果的大数据，对教学行为和学习行为进行数据分析，数据反思。

3）数字化学业评价

要能够利用数据提取、分析关键内容，要具备分析的意识和技能。

4）数字化协同育人

能够将校园生活中的育人进行数字化，建立学生全人格的画像。

（四）数字社会责任

在数字化时代，数据安全显得十分重要，数字安全包括信息安全、隐私安全等，要具备依法依规使用数据的意识，注意加强网络安全意识。

（五）专业发展

要能够借助数字化实现自己个人能力的提升，以及教学模式和教研的创新。

二、培训对象

数字化实施需要从学校领导到中层干部、一线教师、后勤服务人员以及家长、学生达成统一思想，将数字化实施的意义、措施、步骤、方法等形成系列化的培训方案，让每一个层面的人员都知晓。

（一）高层领导汇报思路

数字化中心要形成学校数字化建设的详细方案，报学校领导层审核、审批，由学校领导层协商一致，形成学校数字化工作方案，逐级推行。

学校数字化建设方案包括硬件建设、软件建设、达成目标、团队建设、评价方案、资金投入等内容。

（二）中层干部统一意见

中层干部是推行数字化的中坚力量，决定着数字化推行的效果，数字化推行初期，为了确保数字化推行的质量，建议可以将团队或部门的数字化推行效果，纳入对干部考核的因素之一，从制度上落实数字化教育的推行。

（三）一线教师落实行动

一线教师的培训要详细，从理论到实践要制定系统化的培训，引导一线教师既能科学、规范地落实数字化实施的各种措施，又能综合提升教师数字化素养，提升教师的数字化意识和能力。

（四）学生、家长、后勤人员参与

学生、家长、后勤人员的培训内容要言简意赅，注重实操，简化实操步骤，精简操作界面，降低学习和使用成本。

三、培训方案

培训时要关注以下几个方面。

（一）培训对象

根据培训对象，分别制定不同的培训方案，一般在实行过程中，核心培训方案主要包括面向基层干部和中层干部的培训方案（见图 6.2.2）、面向一线教师的培训方案（见图 6.2.3）、面向班主任的培训方案（见图 6.2.4）、面向学生干部的培训方案、面向数字化团队的培训方案（见图 6.2.5）五部分。

图6.2.2 面向干部培训

图6.2.3 面向教师培训

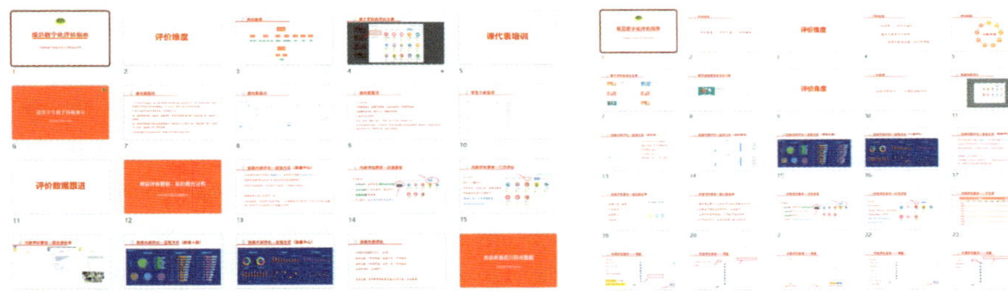

图6.2.4 面向班主任培训

图6.2.5 面向数字化团队培训

（二）培训内容

培训内容要涉及思想统一、教育政策、理论提升、教学转型、教研转型、德育管理转型、技术能力提升、应用场景设计等，覆盖在数字化转型中的各个方面。

（三）培训方式

培训方式强烈建议采取线下培训，面向家长的培训以线上培训或提供简要使用指南即可，降低家长学习难度。

四、跟踪反馈

数据在实施过程中，由数字化团队做跟踪反馈，确保数据的实施有效、严谨、合理，并在实践中不断规范，不断优化。过程性数据跟踪维度要全面，确保点点落实，包括教师维度、学生维度、家长维度、班级维度、年级维度、学科维度、类别维度，不同维度的数据反馈到不同的责任人负责跟进落实。

数据跟踪反馈要关注到反馈跟踪过的具体点，具体到现象，具体到人员，具体到部门。

（一）教师实施反馈

教师是保证数据真实性、有效性的重要参与者，要做好过程性教师评价数据反馈，如表 6.2.1 是教师日常评价数据反馈。

表6.2.1　教师日常评价数据反馈

教师信息			日常评价			
姓名	班级	班主任	评价次数	评价总分	正面表现分	负面表现分
童老师	初一51班	是	62	66	34	32
丁老师	初一52班	是	121	141	78	63
杨老师	初一53班	是	479	638	328	310
欧老师	初一54班	是	9	28	28	0
齐老师	初一55班	是	633	897	773	124
张老师	初一56班	是	233	731	637	94
谢老师	初一57班	是	754	5668	4293	1375

续表

教师信息			日常评价			
姓名	班级	班主任	评价次数	评价总分	正面表现分	负面表现分
程老师	初一58班	是	795	814	632	182
杨老师	初一59班	是	1212	1843	1533	310
王老师	初一60班	是	251	279	256	23

表 6.2.2 是围绕教师作业登记情况数据反馈，表 6.2.3 是班主任班级管理数据反馈。

表6.2.2 教师作业登记数据反馈

教师信息		作业登记					
姓名	级组	登记学科	登记次数	未完成	有待努力	良好	优秀
陈老师	初三T	语文	3	11	8	148	4
刘老师	初三T	语文	1	5	0	53	0
朱老师	初三T	数学	6	57	270	12	15
胡老师	初三T	数学	3	1	23	71	76
肖老师	初三T	英语	5	2	37	61	150
王老师	初三T	英语	1	0	37	12	6
魏老师	初三T	物理	2	22	57	19	18
施老师	初三T	历史	8	48	161	255	0

表6.2.3 班主任班级管理数据反馈

姓名	班级	班主任	级组	本月评分	累计评分
莫老师	初二55	是	初二T	-6	-35
唐老师	初二56	是	初二T	-6	-153
阮老师	初二57	是	初二T	-2	753
李老师	初二58	是	初二T	0	434

续表

姓名	班级	班主任	级组	本月评分	累计评分
张老师	初二60	是	初二T	23	1922
刘老师	初三51	是	初三T	0	1715
吴老师	初三52	是	初三T	43	-141
张老师	初三53	是	初三T	184	176
徐老师	初三54	是	初三T	18	369

（二）学生评价数据反馈

学生评价数据指标数量较多，限于本文篇幅，表6.2.4截取部分指标呈现，评价指标是教师对学生的日常评价，一方面用于及时了解每个学生的评价数据情况，另一方面教师在日常评价过程中对每个学生的关注情况，通过指标可以反馈一定管理情况。

表6.2.4 学生评价数据反馈

姓名	学号	班级	总计	勤奋练习	课堂专注	进步巨大	自主学习
郑同学	222211*	初二56班	172	0	2	2	1
贺同学	222564*	初二56班	152	3	19	2	3
潘同学	222563*	初二56班	152	12	22	0	2
罗同学	222563*	初二56班	138	2	19	0	2
管同学	222562*	初二56班	132	2	3	0	0
李同学	222562*	初二56班	124	5	9	0	2
何同学	222560*	初二56班	113	2	12	2	2
宋同学	222563*	初二56班	111	1	1	2	0
郑同学	222563*	初二56班	107	2	7	0	2
何同学	222560*	初二56班	106	3	20	2	2

（三）学科数据反馈

围绕加德纳育人体系九个维度，我们以学科划分指标维度，由不同学科落实，如表 6.2.5 是语文、英语学科在课堂评价中使用的部分数据，通过这个数据，可以了解教师在某段时间内的使用情况。

表6.2.5 学科维度过程性数据反馈（语文、英语学科）

姓名	所教班级	周期评分	累计评分
石老师	初一53班	2081	2112
杨老师	初一51班，初一59班	1704	1717
程老师	初一58班，初一57班	1060	1061
张老师	初二60班，初二56班	681	3614
徐老师	初一53班，初一54班	644	2792
周老师	初二59班，初二60班	638	638
童老师	初一51班，初一59班	581	581
王老师	初三51，初三59	351	1628
欧老师	初三52，初三57	328	1303
李老师	初三51，初三56	186	2519
唐老师	初二56班，初二58班	117	177

除语文、英语学科外，我们还分别建立了数学、物理、化学、信息技术评价方案，音乐评价方案，美术评价方案，体育评价方案，生物、地理评价方案，历史、道法评价方案等若干套评价方案，每套评价方案都按照表 6.2.5 导出数据，对过程性评价数据进行分析反馈。

（四）班级与级组数据反馈

班级与级组数据反馈的是一个团队的管理评价数据，利于进行不同管理团队间的对比，如图 6.2.6 所示。

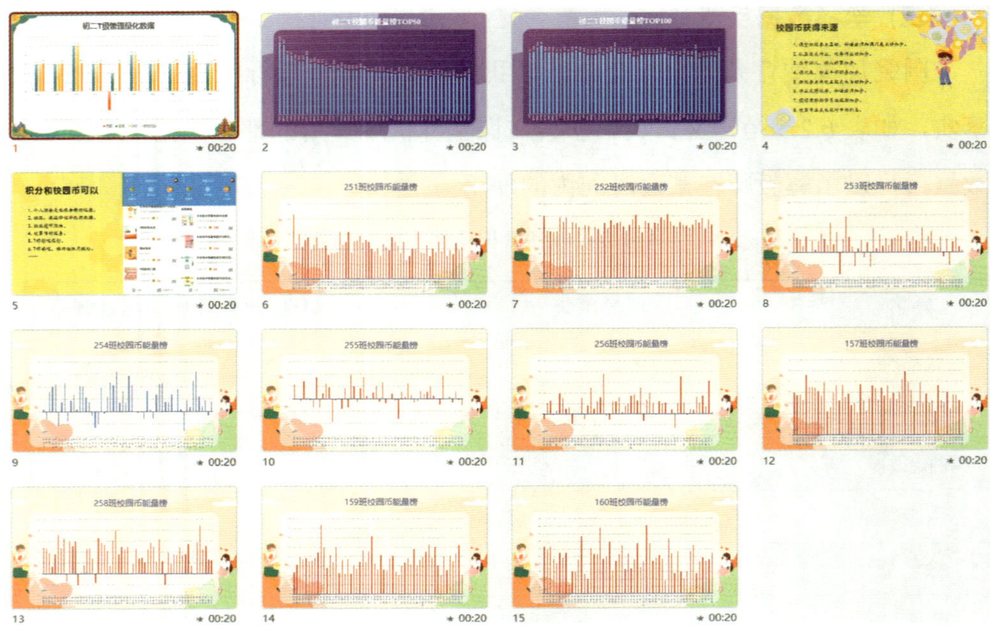

图6.2.6 班级与级组过程性评价数据反馈

（五）班级管理指标数据

班级管理指标数据反馈的是班级中具体评价内容的数据，如宿舍纪律、宿舍卫生、自习纪律、好人好事、课间秩序等数据，如表 6.2.6 所示。

表6.2.6 班级管理指标数据

班级	二级指标	登记指标	登记项	登记人	登记时间
初一51	宿舍大扫除	质量反馈	+20	石老师	2023/09/07 08:40
初三51	大课间	组织有序	0	施老师	2023/09/12 08:55
初三52	大课间	拖拉懒散	-1	施老师	2023/09/12 08:56
初二56	课堂	课堂有序	0	施老师	2023/09/12 09:00
初一54	设施设备	电器设备未关	-1	石老师	2023/09/12 15:33

(六)活动参与数据

围绕线上主题活动和线下德育活动，我们建立了学生活动参与数据，如表 6.2.7 是学生活动参与数据。

表6.2.7 “迎新春·庆元旦”学生微德育活动初一T级班级加分

班级	总人数	参与人数	活动参与率/%	班级加分
初一51班	51	32	62.75	1
初一52班	54	29	53.70	0
初一53班	57	38	66.67	1
初一54班	57	7	12.28	0
初一55班	58	35	60.34	1
初一56班	56	25	44.64	0
初一57班	56	38	67.86	1
初一58班	58	33	56.90	0
初一59班	56	28	50.00	0
初一60班	53	44	83.02%	3

第七章　教师管理系统

第一节　教师档案系统

一、教师基础档案

教师基础档案是整个数字化系统中与教师相关生态系统的基础数据源，其他系统如教师成长档案系统等拓展系统都是在教师基础档案系统基础上关联相关信息，建立教师系统的整个评价生态。

教师基础档案信息包括以下几项。

（一）基本信息

基本信息包括用户姓名、性别、登录账号、密码、电话、教师类型等基本字段，如图 7.1.1 所示。教师基本信息在整个数字化系统中通用，账号作为全生态一站式账号。

图7.1.1　教师档案基本信息、学科信息、角色信息

（二）学科信息

教师任教学科。学科信息关联到校本课程、课表、成绩分析、教师档案系统、考场排布系统、电子班牌系统等多个系统中。

（三）角色信息

教师、学生还是家长。角色支持自定义，支持为不同角色配置不同权限，该权限应在多系统中同步。

（四）职务信息

教师职务信息。系统中可以单独针对具体职务在平台中设置审批流权限、管理权限等，如图 7.1.2 所示。

所任职务

职务名称	所在学科	所在年级	所在班级	所在部门
办公室主任	--	2023届(初中)	--	--
教导处副主任		初三,2023届(初中)	--	--
雨校平台管理员	--	--	--	--
年级领导组	--	初一,初二,初三	--	--

所在部门

部门名称	头衔	主部门	是否为部门主管
生态园行政人员			否

图7.1.2　教师档案职务信息、部门信息

（五）部门信息

教师所在部门。该部门会同步到各个系统，包括设置的部门主管权限，会同步到各个审批流中，如图 7.1.2 所示。

二、教师拓展档案

教师拓展档案主要包括家庭成员信息、工作信息、教育经历、资质证书、专业技术职称、普通话、班主任工作记录等信息，如图 7.1.3 所示。

教师拓展档案主要用于单位人性化关怀、数据大脑信息建设、资料存档等方面。如教师生日时，系统提醒部门领导或学校领导给予祝福和关怀；教师合同到期续期时，提醒相关部门组织合同续约。

图7.1.3　教师拓展档案

教师档案在学校统计如教龄、校龄、班主任年限等相关资料信息时，可以通过系统后台导出，减少后期信息收集的工作量。

三、权限管理

教师档案涉及个人隐私，要加强数据安全建设，设定好信息权限，保护教师隐私，对数据设置专人负责，及时做好数据更新、统计、各类报表等工作。

第二节　教师评价系统

教师成长档案以评价为核心，涉及公平，对激励教师开展教育教学工作起着至关重要的作用，是一个系统性的工程，涵盖范围广，在设计教师成长档案系统时要考虑全面，对于无法实行量化的评价信息，要实行线上评价和线下考核相结合的方式。

教师成长涉及来自教师职业的各个层面，为了更加精细化，一般会建立分别针对教学、教研、资源、管理等各个方面的系统，教师成长平台需要以教师评价为核心，将与之相关的多平台数据互通，建立教师成长积分体系，作为教师职称评定、评优评先、年度考核的重要参考依据。

涉及教师评价的每个数据，均来自各个评价系统，要建立多系统间的数据互通，形成对该教师的全面评价，如表 7.2.1 是东华初级中学设置的教师专业技术岗位（职称）的申报量化表。

表7.2.1 东华初级中学教师专业技术岗位（职称）申报量化项目表

考核指标	评分标准	满分
工作年限	每工作一年1分（东华工作年限）	
学历	大专及以下不计分，本科1分，硕士2分	
职称年限	取得现职称每年1分	
班主任年限	其他学校班主任年限每年0.5分，东华班主任、级组长、德育干事年限每年1.5分（德育管理干部年限视同班主任年限）	10
东华毕业班年限	担任毕业班工作每年1分	5
东华职务年限（仅计算取得现职期间）	行政干部每年3分，级长、助理、科长每年2分，科组长每年1.5分，其他干事每年1分，备课组长每年0.5分。身兼多职者可累计加分（大科长承担德育工作的视同班主任年限）	10
业绩（仅计算取得现职称期间）	获特级教师、省级以上先进工作者（党员）、优秀（名）教师、优秀（名）班主任、骨干教师、学科带头人、教学能手称号的每项3分	5
	获市级先进工作者（党员）、优秀（名）教师、优秀（名）班主任、骨干教师、学科带头人、教学能手称号的分别每项2分	5
	获区级、集团先进工作者（党员）、优秀（名）教师、优秀（名）班主任、骨干教师、学科带头人称号的分别每项1分	5

续表

考核指标	评分标准	满分
业绩（仅计算取得现职称期间）	班主任（科组长）所带班级（科组）获市级以上表彰奖励每项2分；获校级优秀班主任、后进生转化先进个人每次0.5分；学校教学优胜奖、教学新锐奖每次1分	10
	教育主管部门出具证明的省级以上公开课、讲座每节2分，市级每节1分	5
	主持省级以上（含省级）课题并结题每项3分，主持市级（或参与省级以上）课题并结题每项2分，参与市级（或主持校级）课题并结题每项1分；在具有ISSN或CN刊号的期刊发表论文每篇1分。参与课题只计排名前6	5
	指导学生参加比赛获奖，省级一等奖以上（含省级）每项2分，省级二、三等奖或市级一等奖每项1分，市级二、三等奖0.5分。辅导人数在10至19人的集体奖项按1.5倍计算，20人以上的集体奖项按2倍计算	5
	个人参加教育主管部门教育教学比赛获奖，省级以上每项2分，市级每项1分，区（校）级每项0.5分(团队比赛获奖各级分数按人数平均分配)	5
	市教育局论文评比一等奖1.5分，二等奖1分，三等奖0.5分	5
	骨干教师服从工作安排去生态园工作每年1分	3

图 7.2.1 所示为教师评价系统，针对教师评价的数据主要来自教研平台数据、成绩平台数据、资源平台数据、管理平台数据，通过系统智能化的完成对教师的评价。

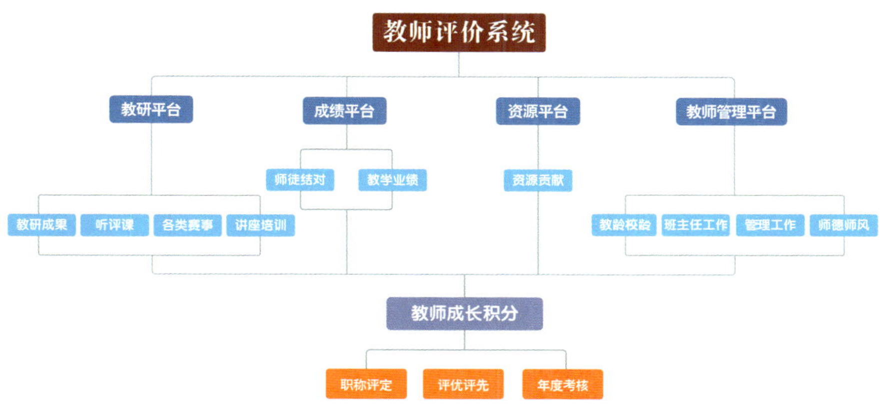

图7.2.1　教师评价系统

一、教研成果

在数字化系统中，教研数据主要来自四方面：一是教研成果；二是听评课；三是各类教研赛事；四是提升教研能力的各项培训讲座。部分教研评价与审核机制如图 7.2.2 所示。

序号	项目名称	项目分类	成长积分	学术积分	质量积分	成长积分权限	选项
+ 1	课题		30	30	0	音乐组审核、美术组审核、信息组审核、语文组审核、数学组审核、英语组审核、物理组审核、化学组审核、历史组审核、政治组审核、生物组审核、体育组审核、地理组审核、T部审核	
+ 2	著作与论文		30	30	0	音乐组审核、美术组审核、信息组审核、语文组审核、数学组审核、英语组审核、物理组审核、化学组审核、历史组审核、政治组审核、生物组审核、体育组审核、地理组审核、T部审核	
4	讲座/培训		20	20	0	音乐组审核、美术组审核、信息组审核、语文组审核、数学组审核、英语组审核、物理组审核、化学组审核、历史组审核、政治组审核、生物组审核、体育组审核、地理组审核、T部审核	(4)
+ 5	教师获奖		20	20	0	音乐组审核、美术组审核、信息组审核、语文组审核、数学组审核、英语组审核、物理组审核、化学组审核、历史组审核、政治组审核、生物组审核、体育组审核、地理组审核、T部审核	

图7.2.2　教研评价与审核机制

借助数字化教研平台，将教师教研进行数字化量化。如图 7.2.3 所示，在教研平台中，我们将教研项目设置为课题、著作与论文、讲座与培训、教师获奖、辅导学生获奖五类，还有一类来自学校或科组的工作安排，对不同项目设置不同级别，不同级别设置不同积分，针对每个项目设置成长积分、学术积分、质量积分三个概念，以学术积分为核心，作为评价教师教研能力的主要依据。

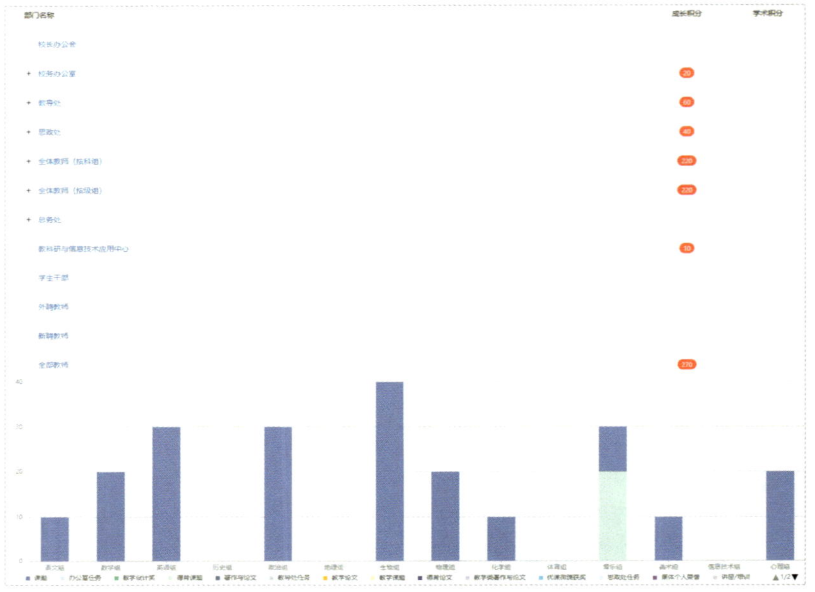

图7.2.3　各学科阶段性教研数据

如图 7.2.4 系统自动汇总的教师阶段性的个人成长积分数据。

积分汇总　部门汇总

2022-2023学年第一学期 × 　部门　开始日期 → 结束日期　请输入查询关键字　导出

教师	部门	成长积分			学术积分			质量积分		
		成长积分	全校排名	部门排名	学术积分	全校排名	部门排名	质量积分	全校排名	部门排名
[illegible]	全部教师	50	1	1	0	2	1	0	2	1
李百平	办公室主任、初一T级、全部教师、初一音乐组	20	2	1	20	1	1	20	1	1
[illegible]	初二B级、全部教师、初二生物组	20	2	1	0	2	1	0	2	1
[illegible]	心理咨询室、全部教师、初二F级、初二心理组	20	2	1	0	2	1	0	2	1
[illegible]	思政处主任、全部教师、初二F级、初二政治组	10	5	1	0	2	1	0	2	1
[illegible]	教导处主任、初三A级、教科研与信息技术应用中心、全部教师、初三政治组	10	5	1	0	2	1	0	2	1

图7.2.4　阶段性个人教研数据

二、听评课

通过在线听评课和数字化听课本，记录教师成长过程，引导和营造交流学习的氛围，改变过去督促检查的办法，用评价做指挥棒，以评促教，以评促研，以评促学。

图 7.2.5 是听课教师使用评价量表对该教师的评课数据，结合数字化听评课中提到的相关数据，对教师个人、学科组展开评价。通过系统间的数据互通，将在线听评课中涉及的教师的听课数量、评课数量、上课数量、上课被评价分数等按照一定比例折算，形成对该教师听评课层面的评价数据，列入对教师的综合评价体系。

图7.2.5 在线评课数据

有关数字化听评课更详细的介绍参见第二篇数字化教学相关内容。

三、教学业绩

教学业绩是评价教师最主要的方式，如何通过教学业绩评价教师，各个学校都在不断探索，对教师教学业绩方面的评价主要包括以下几种方式。

（一）结果评价

依托每次学校重要考试的成绩作为对教师评价的一种方式，这种方式也会存在较为明显的弊端，即会导致教师在追求成绩过程中采取过激行为，如占用学生休息时间、作业量过大等情况，因此在教育教学过程中，只能将结果评价作为其中一部分，而不能作为最重要、最核心的评价依据。

（二）增值评价

增值评价体现的是教师教学业绩的进退步，以某次考试为起点，将教师在多次重要考试中的进退步作为对教师评价的一种方式。这种评价方式能够兼顾学生的学情、班情，相对结果评价来说更加人性化。

（三）过程评价

影响成绩的因素较多，如试题难度、学生状态等，为了更好地体现教师教学业绩，也可以采取综合多次成绩，按照比例折算汇总的方式，兼顾教师过程性教学业绩。

（四）分段评价

分段评价也是教学业绩评价中的一种方式，即某段区间内学生的人数与同学科教师对比情况作为评价的一种方式。在实际教育教学中，对教学业绩的评价规则十分灵活，各学校也会针对各自学校校情、学情阶段性的进行设定规则，引导教师提高自己的教学艺术和教学水平。但无论采取哪种评价方式，学校和教师都应遵循教育教学规律，遵循学生成长规律，从育人的角度出发，而非育分。因此，学校制定教师评价标准，其方向、规则应该兼顾全面。

东华初中坚持国家有关“双减”要求，保障学生身心健康发展，学校成立由学术委员会牵头的督查组，对教育教学中的违规行为进行通报，对出现违规的个人或团队，其领导组组长要在行政会做说明，并限期整改，多年以来形成了良好的教育教学氛围。

四、资源贡献

教学资源是一所学校可持续发展，不断创新发展的基石，东华初中建校以来，以团队取胜，坚持集体备课，坚持共享理念，以团队力量，汇集众人智慧，开发了适合学校学情、校情的教学资源，东华初中资源共享的举措，为学校的可持续发展，以及辉煌业绩的取得奠定了坚实的基础。

学校资源库的建设在集体备课、集体教研、青年教师快速成长等方面发挥了巨大的作用。学校应坚持资源共享的理念，制定资源共享评价规则，避免吃老本，疏于教研，疏于共享，避免拿来主义。

表 7.2.2 是教师教学资源分享的评价表，该评价表是用来评价教师分享资源质量的。通过该系统明确资源分享评价的积分，根据资源的被访问次数、下载次数、再次被他人分享次数等数据确定该资源的价值，通过这个分值实现对教师在资源分享方面所作的贡献进行评价。

表7.2.2 资源内容质量评价表

应用场景	指标名称	分值	应用次数/次	指标描述
文档	被访问次数	0/单次	368	单个资源的访问量每增加1次，该资源作者增加1个单位分值
	下载人数	1/单次	156	单个资源的下载每增加1人，该资源作者增加1个单位分值
	被分享次数	2/单次	20	单个资源的分享每增加1次（用户选择指定人进行分享），该资源作者增加1个单位分值
课程包	被访问次数	1/单次	592	单个资源的访问量每增加1次，该资源作者增加1个单位分值
	下载人数	2/单次	356	单个资源的下载每增加1人，该资源作者增加1个单位分值
课程包	被分享次数	1/单次	67次	单个资源的分享每增加1次（用户选择指定人进行分享），该资源作者增加1个单位分值

表 7.2.3 是用来评价教师资源分享数量的。通过资源分享表可以将教师上传下载的数据进行统计汇总，通过数字化系统形成良性循环，建立教师资源分享评价机制，图 7.2.6 为教师资源积分的明细，通过明细查看每位教师的资源上传、下载积分变化情况。

表7.2.3　资源上传下载评价表

场景应用	指标名称	分值	应用次数/次	指标描述
文档	上传数量	5分/次	324	用户每上传1个资源，该用户增加1个单位分值
	下载数量	-1分/次	286	用户每下载1个资源，该用户增加1个单位分值
课程包	上传数量	10分/次	684	用户每上传1个资源，该用户增加1个单位分值
	下载数量	-2分/次	846	用户每下载1个资源，该用户增加1个单位分值

图7.2.6　教师资源积分明细

五、数据权限管理

教师评价系统涉及教师的隐私数据，资源涉及学校的资源保护，因此要建立严谨的数据权限管理。

（一）评价数据权限

细化信息查看权限、积分查看权限、查看积分排行权限、重要信息字段查看权限、数据导出权限、导出范围权限等，保护教师数据隐私。

（二）资源使用权限

按学科、按年级、按职务设置查看、编辑、删除、下载的权限，设置积分权重的权限、下载数量的权限等，既便利教师使用，又起到保护学校资源的目的。

（三）审核权限

评价数据变更、资源上传审核、资源共享审核权限，要建立审批流，实行审批制度，确保资源、信息的严谨、安全。图 7.2.7 为资源上传审核机制。

图7.2.7 资源上传审核机制

第八章　数字化办公系统

第一节　公 文 系 统

公文系统是主要用于学校行政领导接收上级教育主管部门下发的公文，并将公文派发给校内指定部门或干部进行落实工作的一套数字化系统。一般公文系统包括收文、发文两个部分。

公文系统的核心是工作流，根据派发的公文系统自动地走相应工作流，由工作流节点上对应的人员处理公文，完成后进入下一个环节，最终公文处理完成后完结此项工作，如图 8.1.1 所示。

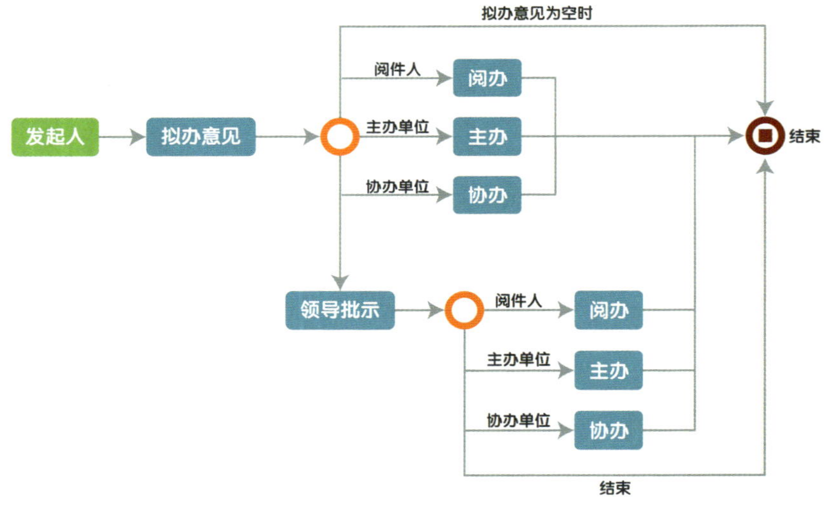

图8.1.1　公文系统工作流

通过公文系统将指定文件派发给相关干部，相关干部按照文件要求，逐个落实，并记录其办理意见，图 8.1.2 是一份公文完整的流程图。

图8.1.2 公文流程记录

通过图 8.1.2 看出，其实公文系统是一个特殊的审批流，每个审批节点给予相应的审批意见，工作流按照设定的流程走。公文系统提供电脑端和移动端，并提供消息提醒，相关干部可以及时地处理相关工作。

除上述功能外，公文系统还提供存档、查询、记录、审批等功能。

第二节 教师请假系统

数字化请假系统是一个较常见的应用，在多数常规的审批流系统中都可以完成其功能需求。数字化请假系统的价值在于后台设置的智能化、数据统计的自动化、前台操作的便捷化、审批流程的高效化，这四方面是教师请假系统研发的关键点。

一、后台设置的智能化

请假审批流中审批人的智能化是关键。

一位教师分属学校不同的部门，如初一 A 级、语文学科、团委干部等，每位教师要有一个主部门，该主部门即系统中自动获取的该教师请假审批流的第一审批人，当学校组织架构较为庞大时，系统自动从组织架构中获取请假审批流中的第一审批人、第二审批人以及抄送人，实现请假系统审批流的自动化，当新学期教师分工重新调整后，只需要更新教师所在部门，系统则自动获取该教师新的第一审批人、第二审批人和抄送人，避免后台大量的设置工作，给工作带来困扰。

二、数据统计的自动化

教师发起请假，请假时间、批假人、是否需要调课等详细信息，系统将自动记录进后台数据库，通过后台的统计功能实现对该教师请假情况的自动统计，自动完成与调课模块、课表模块、课时统计模块、工资统计模块建立关联，最大限度地降低人工操作的烦琐程度，提高工作效率。

三、前台操作的便捷化

在传统请假模式下，教师请假手写假条，依次找多个部门领导签字审批，最后交学校办公室登记，请假结束，再去学校办公室登记销假。这一过程烦琐且耗时，在数字化模式下，老师通过手机即可直接发起请假申请，相关审批流线条上的干部直接在线审批，高效快捷。

图 8.2.1 与图 8.2.2 是移动端请假功能的相关操作界面。

图8.2.1 在线请假

图8.2.2 审批记录

四、审批流程的高效化

在数字化模式下，通过移动端，教师可以随时根据实际需要发起请假，相关审批干部可以随时对教师的请假申请进行处理，不再存在时空限制，审批高效、快捷。

第三节 校 友 系 统

校友是学校宝贵的人力资源，校友系统的主要作用是记录历届毕业生，为毕业生建立档案。

在数字化系统中，学生毕业后，在设定的时间自动转到校友库，学籍中的所有字段信息同步对接，学生毕业后，其全部信息将自动从学籍档案中移除，全部转移到校友系统中，校友系统的核心功能是校友档案，以及校友通讯录。校友通讯录支持以下功能。

（一）支持校友更新指定信息

主要用于长期跟踪校友高中、大学、研究生就读学校等信息，建立校友长期联络信息。

（二）支持向校友发送消息

主要用于学校庆典、重要节日等向校友传递学校咨询、发出邀请等功能，支持 HTML5 编辑器，设计富文本页面互动。

（三）校友社区

主要用于向校友和社会传递优秀毕业生信息，宣传学校品牌文化，所有内容主要由校方更新，校友互动，建立审核制度。

（四）校友电子校卡

支持生成校友电子校卡，一是纪念，二是身份象征，三是回母校参与重要活动的凭证。

（五）校友地图

根据校友毕业院校、从事工作、所在地区、最高学历等信息，生成学校毕业生大数据地图，展示学校办学成果。

（六）优秀校友

建立校友名人堂，将历届优秀校友做推广展示，同时支持追溯优秀校友成长历程，为在读学生树立榜样，保持对优秀的传承。支持校友自主申请进入校友名人堂，对成长故事进行宣传和推广。

第四节　常 用 系 统

一、日程管理

日程系统是一个效率工具，分个人日程与学校日程，相对于常见的日历功能相比，学校的日程系统具备推送到全体教师以及关键人提醒的功能，与学校的周工作或月工作深度捆绑。

图 8.4.1 是日程系统 Web 端，该系统所有数据与移动端同步，在新建日程或导入日程时，涉及的相关部门、人员自动从学校组织架构中获取，对于确保日常工作有序开展，该工具虽小，但计划性强，会给工作带来较大便利。

日程管理系统要满足以下常用需求。

（1）支持导入学校日程，与个人相关的自动同步到个人日程中。

（2）支持日程消息提醒功能，同步到钉钉和微信服务号。

（3）支持审批流，校级活动或全年级活动部门添加时，自动启动审批流。

（4）支持导入、导出日程。

（5）支持与校历同步，获取和显示校内周次。

（6）个人日程自动获取并同步个人课表到个人日程，将个人所有工作集成到个人日程中，便于管理工作计划。

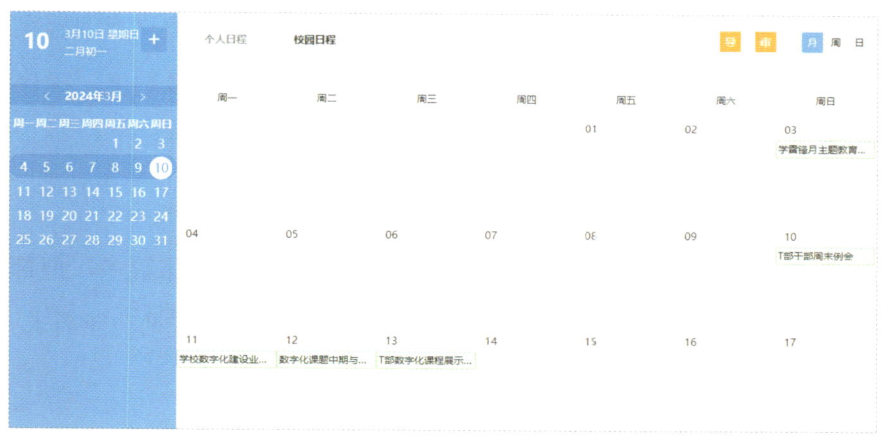

图8.4.1 日程系统

二、访客系统

为加强校园安全，学校要建立在线访客系统，确保校外人员入校必须经过校内相关部门审批，访客系统也是审批系统的一种。

访客系统需要满足以下工作需求。

（1）对接钉钉和微信服务号，面向社会开放申请。

（2）支持按部门、按需求、按人员选择访问，根据需求支持设定不同的审批流。

（3）支持在线回复访客信息。

（4）门卫室数据大屏支持呈现最新访客信息。

三、档案系统

档案系统是用于将学校重要档案资料建档，转存为数字档案的一套系统，数字档案系统需要满足以下工作需求。

（1）对接扫描仪等硬件，支持快速扫描存档。

（2）支持建立档案库，如办公室档案库、教导处档案库等。

（3）档案库支持分类，如教师职称类、教学成果类等。

（4）支持按年份、按相关人、按建档人、按关键词等信息查询档案。

（5）建立核心档案建档、查询、下载、修改、删除审批制度，确保重要信息的保密性和严谨性。

四、问卷系统

问卷系统是学校常用的一套系统，目前市面上同类产品较多，但都是独立系统，无法建立大数据库，学校的问卷系统应具备以下常见功能需求。

（1）支持单选、多选、文本多种题型。

（2）每道试题支持备注功能。

（3）单选、多选支持排列或下拉菜单。

（4）单选或多选支持用户自填其他选项。

（5）文本试题支持富文本格式，支持上传图片、音频、视频。

（6）支持必答与选答，或至少答几道的选择。

（7）支持问题关联联动，如选A，则关联下一个动作。

（8）支持试题分组，支持组命名以及组说明。

（9）支持分隔线。

（10）支持统计功能，按试题、按人员、按部门等。

（11）支持导入、导出试题、统计、结果等。

（12）涉及省市信息支持多字段联动。

（13）支持试题排序。

（14）支持设置多种模板问卷。

（15）支持微信服务号或钉钉消息提醒。

（16）问卷系统支持学校内部教师、学生、家长、后勤四类人群填报与对外开放填报两种方式。

五、公告系统

公告系统是学校通过系统面向师生、家长、社会发布通知的一套系统，该系统功能比较单一，主要需要满足以下常用功能。

（1）支持设置发布权限、公告发布范围。

（2）支持微信服务号和钉钉消息提醒。

（3）支持富文本格式发布公告，预置数套常用风格模板。

（4）支持统计公告查看数据。

（5）支持内嵌问卷系统、投票系统等相关信息。

（6）内部公告支持水印加密、禁止转发等功能。

（7）支持@相关部门或人员的功能。

（8）支持发布后无痕修改、归档、删除功能。

（9）支持按校历以学期为单位自动归档。

六、投票系统

投票系统是面向师生、家长和社会发布投票的一套系统，功能也比较单一，主要满足以下常用功能。

（1）支持单选、多选。

（2）选项支持文本备注的功能。

（3）支持设定最多选、最少选数量。

（4）支持文字、图片、音频、视频投票。

（5）支持列表、网格两种列表方式。

（6）支持投票定义列表显示字段。

（7）支持设置结果查看方式以及查看权限。

（8）支持按部门、按年级、按试题等不同类别统计数据。

第九章　学生安全系统

第一节　学生请假与健康安全监控

数字化请假采用线上流程式请假，在请假流中可以定义更多样的条件，满足传统请假模式下无法实现的功能。

图 9.1.1 是传统请假模式与数字化请假模式的区别。

	传统请假模式	数字化请假模式
信息填写	手写三次请假信息 一份交保安，一份交生活部 一次登记留底	在线选择学生 填写一次请假信息
请假流程	家长或班主任发起 ↓ 找领导签字审核 （可能找不到领导） ↓ 保安校对放行 ↓ 生活老师留底查房	班主任线上发起 ↓ 级组长线上初审 ↓ 领导组线上或签 ↓ 即时抄送保安与生活老师 ↓ 特殊病假智能抄送校医
数据统计	手动录入信息 手动统计请假信息	自动统计请假信息 包含年级、班级、请假类型、请假人次统计 健康数据分析
时空差异	线下进行 受时间、空间、人为因素制约	线上进行 随时随地、及时高效
	低效、烦琐	智能高效

图 9.1.1　传统请假与数字化请假对比

传统模式下学生请假与数字化请假系统在请假信息填写、请假流程审核、请假数据统计、请假时空限制以及请假拓展功能五个方面存在明显差异，同时由请假可能引发的安全漏洞方面，数字化请假模式具有明显优势。

一、传统请假模式存在的问题

（1）信息填写较为烦琐和低效，需要手写三次请假信息，一份交给保安，便于放行；一份交给生活管理部，便于生活老师核查宿舍人数；一份在学校领导组留底，便于统计请假情况。

（2）请假抄送部门繁多，容易遗漏，给管理带来安全隐患。

（3）传统请假是线下领导签字放行，有时领导不在办公室时，请假的效率就会打折扣。

（4）难以精准统计人数。

二、数字化请假模式的优势

（1）整个请假流程线上进行，不受时空限制，高效智能。

（2）请假操作简洁，一次请假，相关人员同步知晓，如班主任、级组长、领导组、保安、生活老师，最大限度地避免安全漏洞。

（3）拓展请假功能，能够实时统计学生请假事由，如事假、病假、心理健康安全等，有助于学校管理层及时掌握学生动态。可以及时统计学生病假数据信息，报备上级健康安全部门；心理健康安全学生及时介入，确保学校管理和家校沟通的顺畅。

三、数字化请假流程的搭建

数字化请假模式采用二级审核、三方抄送、智能分析、健康统计的机制，最大限度地确保请假安全和高效。

（一）二级审核

数字化请假由班主任亲自发起，从源头保证请假的真实性，确保学生安全。二级审核指的是两个层级的审核，一级审核为该班级的基层管理干部，二级审核为该年级的学校领导。二级审核的目的是加强学生请假安全，明确责任权属，如图 9.1.2 和图 9.1.3 所示。

图 9.1.2　请假流程

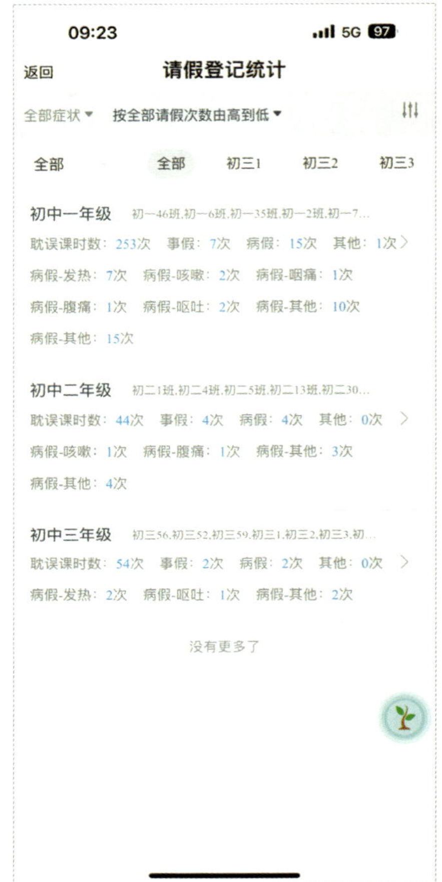

图 9.1.3　请假数据统计

（二）三方抄送

三方抄送指的是请假审核批准后，需要将该学生的请假信息抄送给相关安全责任人，主要是学校保安、生活老师和校医。保安凭借请假审核记录放行学生，生活老师方便核查学生住宿到宿情况，校医方便准确统计健康信息。

（三）智能分析

智能分析是依据请假大数据，实时生成学生请假信息，包括所在年级、班级、请假事由（包括事假、病假、其他三大项），方便学校领导针对请假大数据及时了解学校管理情况。

（四）健康统计

在数字化请假中拓展出了请假事由，有关病假，可以详细地记录学生的常见病症，如发烧、咳嗽、咽痛等，通过数字化请假，可以实时地统计各种不同病症的人数，便于学校领导监控健康相关信息，及时做出调整和部署，如图 9.1.4 所示。

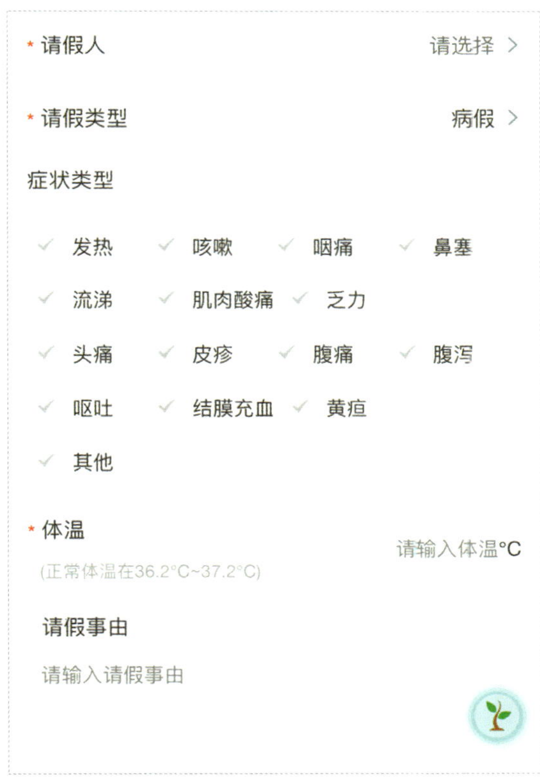

图 9.1.4 请假健康统计

第二节　心理健康教育系统

学生心理健康教育在中学生中具有极其重要的意义。各个学校都建立了心理健康教育课程，并建立有科学的应急机制，确保学生心理健康安全。在数字化时代，借助技术，可以开展更多有关心理健康教育、过程跟踪、危机预警、家校沟通等方面的工作。

一、数字化心理健康系统

数字化心理健康系统从评估到跟进到干预应具备全流程的功能，应满足评估、跟踪、课程、咨询的需求，将有关学生心理健康的数据全部纳入数字化档案，实现学生心理健康的智能大数据、关键信息实时推送，以达到对学校学生心理健康安全的有效关注，如图 9.2.1 所示。

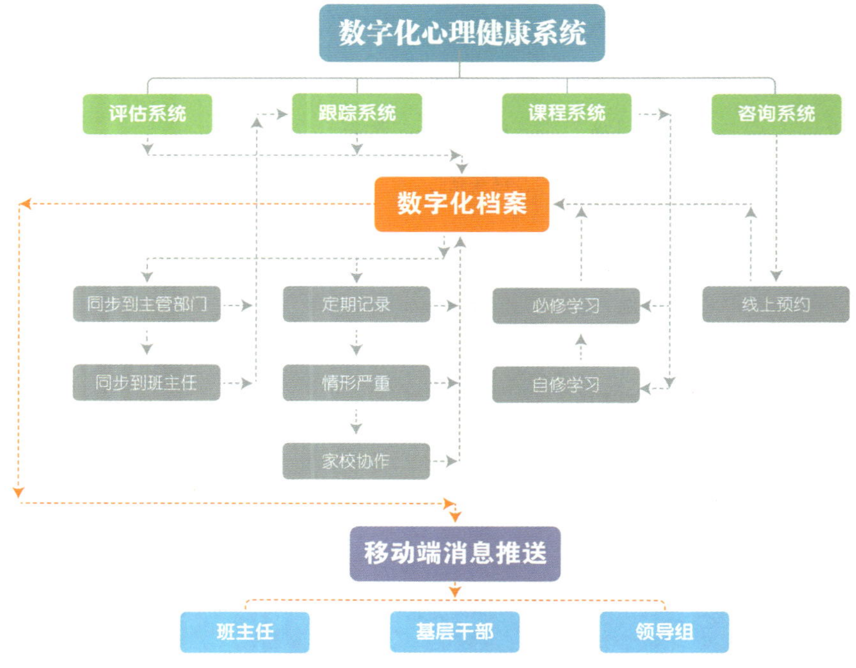

图9.2.1　数字化心理健康系统

二、跟踪机制

学生心理健康应做好从筛查到跟踪到反馈全过程，做到责任明确、记录翔实、逐级汇报、多级监管。

（一）班主任层级

班主任是第一责任人，与心理老师做好配合，及时更新学生心理健康状况，对存在异常的学生，班主任和心理老师要做到定期跟进，对跟进内容、时间、地点做好相关记录，对异常情况和跟进做好建档记录。

（二）心理教师层级

心理教师在心理筛查和预约谈话过程中，对发现的心理异常学生应做到三个“及时”：及时介入、及时建档、及时汇报。

（三）基层管理干部层级

心理教师和班主任建档的每一个异常情况，通过系统实时消息通知到基层管理干部，基层管理干部通过系统可以查阅自己管理范围内每一个异常学生的档案，长期未被关注到的学生，消息提醒基层管理干部，要及时介入了解情况。

（四）领导组层级

对于异常情况级别较严重的，实时通过消息提醒领导组，领导组在系统中能够详细查阅自己管理范围内每一个学生的档案异常情况和每一次跟进的记录。

（五）保安与生活部层级

保安和生活部是学校后勤服务团队，在学生安全管理过程中起着十分重要的作用。鉴于保护学生隐私的角度，系统不必将异常学生推送到保安和生活管理部，但是对于保安和生活管理部在放行、考勤过程中涉及异常学生的，系统应第一时间，将该学生的异常情况通知班主任和基层管理干部，基层管理干部根据情况甄别，逐级上报。

三、预警机制

心理健康教育重在预防，重在预警，预警从两个层面出发。

（一）学校智能监控系统

有条件的学校可以增设智能监控系统，整个校园无死角，通过采集学生人脸，智能判断学生危险行为，实时对学生异常行为进行预警，对危及学生生命安全的行为第一时间消息推送到班主任、级组长和学校相关管理层所有人员，第一时间介入处理。

（二）跟踪机制预警

在心理筛查、预约谈话等整个过程中，对新增异常学生、新增异常行为，系统自动推送消息到班主任、级组长和相关管理人员，同时能够智能地统计该学生的危险行为频次、危险等级等数据，以便管理层采取相应措施介入。

四、家校合作

根据目前校园中发生的心理健康异常数据统计，家庭教育在孩子心理健康教育中的影响特别显著，家长迫切需要提高心理健康教育的相关知识，通过数字化心理健康教育系统，要建立线上心理健康教育课程，线下交流研讨活动，提升家长心理健康教育知识，同时加强家校沟通，共同守护孩子的心理健康安全。

五、心理健康教育大数据

借助数字化心理健康教育系统要建立学校心理健康教育大数据，以便年级领导组和学校高层领导对学校学生心理健康数据进行动态跟踪。

（一）心理健康教育大数据要满足的需求

1. 按班级、分年级、分性别统计

按班级、年级、性别统计，利于相关班级和年级及时跟进。

2. 按类别、分严重程度统计

按类别和严重程度统计，利于掌握严重程度，以便更细致关注。

3. 按时间长短统计

按时间长短统计便于关注长期存在问题的学生，避免疏漏。

4. 按各年级新增统计

按新增统计，以便对新出现的学生给予重视和关注。

5. 按各年级康复统计

按康复统计，以便后期研究康复的因素，利于复制治疗成功经验。

6. 按导致因素统计

按导致因素统计，利于学校在家庭教育、学校教育中及时调整教育方向。

7. 按跟踪频次统计

按跟踪频次统计，利于关注跟踪频次低的学生，学校及时给予关注。

（二）心理健康教育大数据要关注的点

1. 数据要支持多端显示

要支持手机移动端、网页端显示，移动端便于实时了解，网页端便于掌握数据详细内容。

2. 数据要支持按权限查看

心理健康数据涉及学生的隐私，非权限内的成员不对外公布，同时要加强对心理健康安全数据的保护，保护学生隐私。

第十章　后勤管理系统

后勤管理系统是学校管理中十分庞大的系统，涉及面广泛，后勤是学校健康发展的保障和大后方。在数字化时代，数字技术可以为学校后勤管理带来极大便利，节约人力，节约成本，提高效率。本文主要介绍节能、安全、资产管理三方面的内容。

一、节能系统

水电是学校中开支较大的项目，涉及用水的场所主要包括学校食堂、卫生间、绿化自来水、公共饮水机、学生宿舍、教师办公室等。涉及用电的主要场所包括教室、功能室、办公室、宿舍、食堂、校园路灯、楼道灯等场所。

通过节能系统，在相关场所安装智能监测设备，对长时间无人、无使用的设备，根据系统设置自动断水、断电，达到节能节水的目的。

节能系统会根据需要，对特殊场所、特殊设备、特殊时间关闭智能节能设备，如学校服务器、教师办公电脑、厨房保温设备等特殊场所、特殊设备、特殊时间自定义开启或关闭节能系统。

二、安全系统

学校数字化安全系统主要包括车辆出入系统、门禁系统、智能监控系统。

（一）车辆出入系统

车辆出入系统是常见的系统，将教师车辆信息录入系统，系统根据数据库信息判定车辆进出权限。对于外来车辆支持手动放行。

对学校而言，要强化校园安全，车辆出入系统要配合监控系统同时启用，对进出车辆进行全景监控记录。

（二）门禁系统

门禁系统是教师、学生进出校园以及校内特殊场所的管控系统，系统要支持定义不同的校卡类型，如教师校卡、学生校卡、校友校卡等，为不同的校卡开启不同的权限。

门禁系统的校卡是学校的校园一卡通，在各个系统保持统一，如门禁、食堂、小卖部、阅览室、图书馆、请假、销假、评价等。

（三）智能监控系统

智能监控系统起着记录事件的功能。新型监控已具备人脸识别、分析、情绪感知、轨迹、预警跟踪的功能。相比传统监控系统，新型监控系统更加智能。

人脸识别、情绪感知、轨迹跟踪、预警四个功能的具备，对预防青少年危机事件起着重要作用，学校相关人员可以在第一时间收到危机事件的提醒，第一时间介入处理，轨迹跟踪可以在最短的时间追踪事件全貌。

智能监控系统人脸数据库要与学校心理健康教育人脸数据库进行数据互通，保持信息一致，对特殊人群重点提醒。

智能监控系统无法完全代替人的工作，因其仍面临一些调整，如系统建设需要满足诸多需求；摄像头在卫生间等特殊场所无法落实；事件识别的准确性等仍存在一定误差。

三、资产管理与物资申购

目前各个学校基本建有资产管理系统，但与其他系统一样，该系统存在数据库孤岛的现象，使用率相对较低，更多地依靠人工手动方式管理。资产管理已经建立严谨的资产出入记录机制，安排专人负责，每学期对学校资产进行核准，记录入档。

对于常用校园消耗品，应建立物资申购、物品申领系统，通过物品申领系统，全面、准确地记录学校物资的消耗情况、库存情况，避免资源浪费。

第四篇 实践研究成果

第十一章　研 究 课 题

第一节　基于 MIT 理论的初中数字化多元评价体系的建设与研究

一、选题依据

（一）研究背景

在二十世纪九十年代，国外最早发起并主持“信息化校园计划”的概念，利用信息技术对所有信息资源进行统一管理。我国的数字化虽然起步晚，但发展快，目前各个学校都在不同层次地推进着相关建设。在 2020 年中共中央、国务院印发的《深化新时代教育评价改革总体方案》中指出，要“改进结果评价，强化过程评价，探索增值评价，健全综合评价，充分利用信息技术，提高教育评价的科学性、专业性、客观性”“促进学生全面发展的评价办法更加多元”“突出实施学生综合素质评价”。

主持人所在单位已成立创新特色实验区，覆盖整个初中三个年级学龄段，在实验区内不断深化多元评价实践探索，借助数字化、信息化技术，预期探索出一套多元智能评价体系。

（二）研究现状述评

目前国内多数学校的评价依然是传统的评价方式，将对学业成绩的“多维”评价替代“多元”评价，导致难以有效落实多元评价；传统手写式的评价方式无法形成大数据，较难对学生的过程性成长做出有效梳理，难以形成精准的数据分析；传统评价方式更多呈现的是结果性评价，缺乏过程性评价，不够全面和客观。

（三）研究创新之处

本课题创新点主要体现在以下几个方面。

1. 多元智能实时反馈

建立多元智能评价系统，将涵盖学生成长的德育、学业、行为、实践、荣誉、特长等方面纳入评价范畴，通过数据大脑等硬件设施，实时展示评价数据，起到激励和引导作用；班主任、管理层客户端实时收到相关评价数据，方便第一时间介入管理，避免安全性事故的发生。

2. 能量银行闭环管理

建立学生能量银行积分体系，通过能量银行将德育与教学评价数据转化为能量值。学生能量银行的作用：一是便于形成管理的闭环；二是起到激励作用；三是可以衍生与财经素养相结合的实践活动。

3. 综合报告数据留痕

通过数字平台，智能地为每位学生生成独有的综合成长报告册，其内容涵盖学生一个学期德育、学业、校本、实践活动、个性特长等各个领域过程性数据与结果性数据，综合全面地展示学生一个学期以来在各个方面的表现。

二、研究设计

（一）多元智能评价

多元，词典定义是多元素、三个以上的项目；智能，词典定义是具有人的某些智慧和能力。

多元评价体现在对学生德育、学业、行为习惯、兴趣特长、生活能力、荣誉奖项等多层面的评价，涉及学生语言能力、逻辑推理、身体动觉、视觉空间、音乐节奏、人际交往、自治内省、自然观察、生存哲学等多方面；智能体现在依托过程性大数据，系统智能地生成相关评价数据的方式，让管理更高效、更精准。

（二）学生能量银行

学生能量银行的关键词是能量，能量的词典定义是精力、努力、潜在的能力。

我们将学生的各项表现定义为能量，能量就是学生潜在的能力，我们以数字化的形式使其可视化、可量化、可评价。学生能量银行中的能量值来源于对学生的德育、学业、兴趣特长等多元、多维的评价数据，通过学生能量银行系统设定比例兑换能量币，用于校园中德育活动，如班级超市、游园活动等，以便将学生德育评价数据形成管理中的闭环。

三、研究对象、研究目标、研究内容、重点难点

（一）研究对象

主持人所在单位实验区初一、初二各 10 个平行班级。

（二）研究目标

1. 建立数字化评价指标体系

通过对学生在课堂表现、作业完成、考勤、学业成绩、线下校园实践活动、线上主题成长活动等多方面的数字化评价实践，研究科学合理的指标设置和实施策略，让评价更严谨、系统和科学。

2. 改进和升级德育教学的激励作用

通过对校园数字化能量银行的实践研究，将德育、教学评价体系融合为一套体系，建立评价大数据，实现从“育分”到“育人”的转变，进而实现对学生的激励作用。

3. 建立数字化反馈报告

通过对数据大脑的建立，实现数据的实时反馈效果，缩短管理的响应时间，提高管理效率；通过对学生的课堂表现、学业成绩、活动参与、个性特长等方面的评价数据记录，建立学生数字化综合报告册，实现对学生成长过程的记录。

（三）研究内容

1. 数字化评价实施方案

教师层面，通过对教师的培训，组织全员参与评价，研究教师对学生的评价流程、评价方法，既避免增加教师工作量，又能实现对学生的实时数字化课堂评价；学生层面，研究将原德育量化与能量银行挂钩的方式，实现校园币对德育管理的撬动作用，达到激励学生的目的；部门层面，通过与德育、教学部门的沟通，将各自分离的两套评价融合为一套评价体系，建立评价大数据，实现精准管理；家校层面，通过数字化管理 App，加强家校沟通，将周末微德育纳入评价体系，实现家校教育有机结合；效果层面，通过对管理大数据的分析，研究数据中反馈的问题，以及对应的解决方案，建立一套从数据生成、问题发现、问题解决的管理方案。

2. 创新活动育人途径

通过游园活动、班级超市活动、线上主题成长活动等多种活动方式，将评价数据转化为能量银行的校园币，参与各类校园活动，在活动中以校园币“交易”的方式，实现评价数据的良性循环，促进对教学与德育管理的激励作用。

3. 建立学生综合成长报告册

依托数字化平台，将学生在德育、学业、兴趣特长、生活能力、实践能力等多元多维的数据生成一份属于每个孩子独有的综合成长报告，包含对孩子结果性和过程性的评价、学科类和兴趣类的评价、知识型评价和实践型评价、能力评价和品德评价的全方位评价。

（四）重点和难点

1. 重点

（1）数据的反馈与落实。数据是为促进管理而来，要加强数据背后反映的管理中存在的问题，加强数据反馈和跟进落实，制定层级落实监督管理机制。

（2）建立每个学生的综合成长报告。每学期每位学生形成一份综合成长报告册，分纸质和电子两种形式，记录学生一学期以来，在德智体美劳各个方面的过程性评价和结果性评价。

2. 难点

主要来自评价过程的监督。为确保数据的严谨准确，要加强对评价数据的监督，确保数据的来源准确。

四、研究起止时间、思路与步骤

（一）起止时间

2022 年 7 月至 2024 年 7 月。

（二）研究思路

前期调研—实践初探—课题论证—课题计划—实践探索—总结分析—构建模式—成果展示—成果推广—形成报告。

（三）研究步骤

1. 准备阶段（2021.11—2022.7）

确定研究对象、查阅相关资料、分析当前现状、组建研究队伍、确定研究方向，撰写研究方案；上报“课题申请表”；完成课题研究方案。

2. 实施阶段（2022.7—2024.2）

制定评价框架和指标；开展班主任培训、实验区全体教师培训、生活老师培训、学生干部培训等系列培训；推进数字化评价并跟进评价情况；数据反馈与跟踪；阶段性总结与优化。

3. 总结阶段（2024.2—2024.7）

总结研究方案；撰写研究论文；撰写研究报告。

（四）研究方法

文献研究法：在研究准备阶段研究文献，获取经验。

实验研究法：在数字化评价实践环节，使用 4 个班级作为实验研究。

经验总结法：阶段性总结研究过程中的问题与经验。

五、预期成果与效果

（一）预期成果

预期成果及成果形式如表 11.1.1 所示。

表11.1.1　预期成果及成果形式

序号	预期成果名称	成果形式	数量
1	数字化评价平台	软件系统	1
2	学生综合成长报告册	报告册	1
3	多维评价方案与案例	方案、案例	4
4	研究论文	论文	6
5	学生多元多维主题活动成果集	推文、作品集	12
6	面向教师、学生的多元评价调研	调研报告	2

（二）效果

提升管理质量，提高管理效率，降低管理成本；具有推广性、示范性。

（1）实现对学生的正面激励，使学生养成自律、阳光、积极的精神面貌。

（2）促进学生对自我有清晰定位和认知，促进学生多元发展。

六、研究条件

（一）申报人和主要成员的基本情况及相关科研情况

课题主持人是东莞市 A 学校中层管理干部，现任学校创新实验区主要负责人，已出版四部个人著作，在国家核心级期刊发表多篇学术文章，主持省级课题《微课 2.0 技术在音乐教学中的运用》于 2019 年顺利结题。

成员 1：学校创新实验区级组长，松山湖优秀班主任，东莞市班主任能力大赛二等奖，东莞市经典诵读、演讲比赛一等奖，多篇论文获国家、市级奖项。第十四届全国语文“四项全能”教师。

成员 2：教育学硕士学位，研究生学历，初中英语一级教师，学校创新实验区级长。多次获教育集团先进教师、校优秀基层干部、优秀班主任、教学优秀个人等称号。2017 年荣获“东莞市民办中小学班主任专业能力大赛”初中组一等奖，2018 年获“松山湖中小学优秀班主任”。《促进深度学习的初中英语阅读教学策略探索》等多篇文章发表于《英语教师》并收录于知网。曾参与出版《初中英语教学实践与方法探析》一书，《分析中考英语书面表达题对学生思维品质的考查》等多篇文章荣获市级、校级奖项。

成员 3：学校创新实验区级组长，2020 年被评为所在教育集团优秀班主任；2020 年获学校教学能手大赛一等奖；2020 年德育论文《你低估了我陪你走下午的决心》获学校德育论文特等奖；2018 年到 2021 年多次被评为校优秀班主任、后进生先进转化个人；2017 年教学设计 *You are supposed to shake hands* 获项城市“我与英语新课改”课堂教学设计二等奖；2017 年在项城市课程改革展示课堂授课中被评为“精品课教师”；2015 年被评为项城市优秀教师；2014 年被评为项城市优秀班主任。

成员 4：学校创新实验区学科组长，教育集团优秀教师，市级教师说课比赛二等奖获得者，多次获东莞市信息学奥赛优秀辅导教师，曾获省信息技术教师论文评比二等奖，多篇论文获市级奖项，多篇论文发表于省级期刊。

成员 5：东莞市 A 学校的音乐教师，全日制英国硕士研究生并以优秀毕业生毕业。在国外学习期间，多次参加国际音乐教学课题会议，主要研究方向为音乐教育、表演与信息技术应用。曾担任英国伦敦地区中小学音乐学科助教，具有较强的科研能力与丰富的教学经历。在学校工作期间，荣获多个市级公开课奖项，是东莞市中小学第一批“种子教师研修团”和名师工作室成员。

（二）研究保障

（1）主持人所在单位已创立创新实验区，并已投入大量经费用于数字化评价软硬件建设。

（2）主持人所在单位与某数字化评价团队进行深度合作，有专业研发团队进驻学校提供技术支持。

（3）课题主持人具有较强的教研能力，在国家级出版社出版过多部个人著作，多部著作被部分高校作为教材；在国家级核心期刊发表过数十篇学术文章；主持的省级课题《微课2.0技术在音乐教学中的运用》已于2019年顺利结题。

第二节　KSCM 理念下财经素养与德育融合的行动研究

一、研究背景

经济合作与发展组织（OECD）在 2002 年发起了财经素养教育项目及相关活动，发布了《青年财经素养能力框架》，并于 2012 年开始在 PISA（国际学生能力测试）中增加了财经素养测试。2014 年英国将财经素养教育写入国家战略的一部分。2016 年中国教育创新研究院和世界教育创新峰会的报告将“财经素养”列入学生必备素养之一。我国的财经教育在小学、初中的思想政治课中有少量涉及，主要分布在高中阶段，初中阶段关于财经素养的研究以及融合性研究存在大量空白。我校于 2018 年成为中国财经素养教育协同创新中心试验基地，开展了一系列财经素养课程探索，现致力于研究财经素养教育与学生人格培养的融合与创新。

二、研究现状述评

各国财经素养教育的着眼点不同，如美国希望能够通过财经素养教育让学生获得财经知识，掌握基本的财经能力；日本则聚焦于对金钱和理财的理解，目的在于帮助人们产生改善个人生活方式及更广阔的社会环境的意识；南非将财经素养教育的内容被融合进不同的学科，包含了财经知识、技能、态度与责任以及行为等方面的内容。

在我国，学者张春其提出对学生进行财经素养教育可以加速个体适应社会，培养他们的责任感和健全的人格。学者哀顺奎在《浅议正确树立青年的金钱观》中指出财经素养教育缺乏关注，存在教育盲点。学者田儒平指出明白金钱与工作的关系会让学生更加珍惜劳动的价值。学者吴建金在《新形势下财经素养教育的德育渗透及实现》一文中提出，我们可以在建构财经素养教育标准时强调德育，用德育指引财经素养教育评价体系的设计。

通过国内外文献研究发现学者们已经关注不同学科领域间与财经素养的知识整合，希望在学科领域渗透财经素养。但当前与财经素养融合较多的科目只有数学与政治，将财经素养与德育相融合的研究存在空白，培养学生财经素养助力德育管理的研究也少有涉及。本课题研究将借助“能量币”等工具，采取线上＋线下相结合的流通形式，以培养学生财经素养为出发点，落足于通过学生财经素养能力的构建，实现学生全人格成长培养的德育目的，促进素养、能力、心灵的成长。

三、核心概念

（一）KSCM理念

KSCM 是四维教育的简称，由全球教育思想领导者查尔斯菲德尔提出，为21世纪的个性化教育构建了一个综合的框架。K代表了知识（knowledge），S代表了技能（skills），C代表了性格（character），M代表了元学习（meta learning）。它强调了教育的本身不应只关注知识和技能的传授，更要关注学生性格的培养，关注思维的锻炼和学习方法的习得。

（二）财经素养

财经素养概念由罗伯特·T.清崎首次提出，是指认识金钱运动规律和驾驭金钱的能力。目前使用频率最广泛、认可程度最高的定义来自于PISA，即“财经素养是一种关于财经概念和金融风险的知识和理解力，以及运用这些知识和理解力的技能、动机和信心，以便在广泛的财经背景中做出有效决策，提高个人和社会经济利益，并能够参与经济生活。”本研究中的财经素养概念沿用PISA中的定义。

（三）财经素养与德育融合

本研究中的财经素养与德育融合是指财经相关教育与思想道德教育、生活教育、情感教育、心理教育等活动的整合。通过德育活动为载体，“能量币”为流通方式，培养接受过财经素养教育的学生在进入社会之后可以成为一名自食其力的劳动者，成为一名成熟的个体消费者，成为一名理解国家乃至世界经济活动的合格公民，能够享受创造财富带来的社会价值和人生意义。

四、研究对象与研究目标

（一）研究对象

选取所在初中学校40个班级近2400名学生作为研究对象，对创新级20个班级的1000名学生开展财经素养与德育融合的活动，推行能量币。另外20个班级为对照组。

（二）研究目标

（1）阐述KSCM理念的内涵，研究财经素养和德育融合在德育活动中的开展情况。

（2）推出基于KSCM理念的能量币使用和管理体系，以能量币为载体，通过一系列的德育活动，提升学生的财经素养，促进学生的人格成长和学校的德育管理。

（3）将财经素养融入德育行动研究中，激发学生兴趣，促进学生主动探索，提高学生积极思考和财经素养的能力。

五、研究内容、研究重难点

（一）研究内容

1. 初中财经素养教育与德育融合的现状调查研究

通过问卷和访谈等形式，了解当下财经素养和德育融合在管理实践中的开展情况。

2. 初中财经素养教育与德育融合的策略研究

开发一套基于 KSCM 理念的能量币使用和管理体系，制作培训手册。

3. 初中财经素养教育与德育融合的行动研究

设计能量币的应用场景，包括消费场景、收入场景和理财场景，将财经素养渗透到学生的日常学习和生活。

4. 初中生财经素养的评价研究

建立级组、班级账本，记录每个学生的收支情况，学期末终结性评价中设置“财经素养评价”。在能量币的消费、收入、理财过程中，根据学生的收支结构、理财思路等给予多元化的过程性评价。

（二）研究重点

1. 以能量币为载体，将财经素养与德育融合

通过将学生在校的德育表现、学业表现、成长表现进行赋值量化，然后

转化成能量币，设计消费场景、收入场景和理财场景，激发学生获取能量币的热情，提升学生的财经素养，促进德育成长。

2. 设计相应的校园活动，为行动研究提供素材

例如学生跳蚤市场、班级超市、知识竞赛、T 部之夜等活动，丰富学生校园生活的同时，让学生在消费、收入、理财的模拟场景中真实体验什么是财经及财经与个人成长的关系。

（三）研究难点

（1）需要参考大量文献，在现有的德育管理体系基础上，开发一套基于KSCM理念的能量币的使用和管理体系，并面向教师和学生开展培训。

（2）在财经素养和德育融合的行动研究中，将开展丰富的校园活动，要求教师有较强的活动组织能力，学生个人和团体有较强的生活常识和财经意识。

（3）本研究将以能量币流通的方式提升财经素养，促进德育成长为落足点。这就需要学生提前学习相关理论，具备理财思维。

评价生态体系如图 11.2.1 所示。

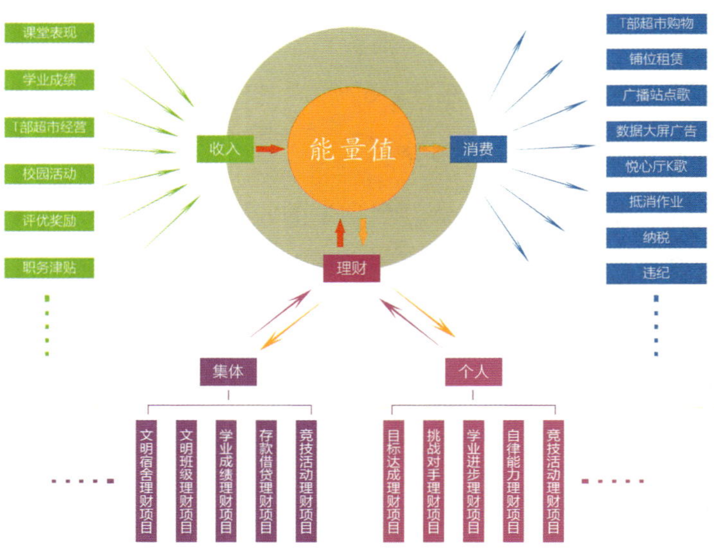

图11.2.1 评价生态体系

六、研究方法

（一）文献研究法

了解国内外 KSCM 理论的实际运用，财经素养与德育融合的行动研究现状，分析价值，界定概念，探求理论基础。

（二）问卷调查法

调研财经素养相关课程和活动的开展情况，教师对 KSCM 理论下财经素养与德育融合的行动研究的认知、学生学情等，为行动研究提供依据。

（三）行动研究法

有目的、有计划地开展财经素养教育的德育活动，详细记录德育活动的开展过程，积累原始资料，并加以理性分析与研究，建立成果档案。

七、研究思路

文献研究→现状调研→活动设计→复盘总结→形成成果。

八、研究进度

立项课题在批准之日起五个月内完成课题开题工作，一年时间内须完成中期检查，最后总结审核结题。

（一）第一阶段（2022.7—2022.12）：开展调查，了解现状

通过调研了解我校学生目前具备的财经知识及个人素养水平，为课题开展提供依据。

（二）第二阶段（2023.1—2023.6）：聘请顾问，专家引领

邀请在财经素养及课题研究方面有丰厚经验的专家、顾问，指导课题开展研究，为课题的调查、研究、推广提供支持。

（三）第三阶段（2023.7—2023.12）：专题实践，积累经验

结合本校办学特色及德育活动的开展情况，研究如何在德育活动中融入财经素养教育，设计融合性活动，在实践过程中收集素材与成果。

（四）第四阶段（2024.1—2024.7）：总结提升，完善推广

对活动设置过程性评价，并对其教育效果进行评估，为今后开展类似活动积累经验。推广成果，帮助或带动其他组织开展同类教育培训。

九、研究分工（见表11.2.1）

表11.2.1 研究分工

姓名	性别	职称	研究专长	工作分工	预期成果
肖汉婷	女	中学英语中教二级	德育管理	组织协调，报告撰写	KSCM理论下财经素养与德育融合的行动研究现状调查报告
邓修忠	男	中学道法高级教师	教学管理	撰写报告	研究论文
李百平	男	中学音乐高级教师	财经素养教育	录制各种教学指导视频	能量币的使用和管理培训手册
白京	男	中学语文二级教师	德育活动策划	活动策划，撰写活动总结	财经素养与德育融合的多元活动
周健鸿	男	中学数学一级教师	数字平台建设	线上活动策划，后台数据分析	配套的学生财经素养与个人成长评估报告
刘鑫	男	中学数学二级教师	德育活动组织	收集资料，报告撰写	配套的学生财经素养与个人成长评估报告

十、预期成果（见表 11.2.2）

表11.2.2 预期成果

序号	预期成果名称	成果形式	数量
1	KSCM理论下财经素养与德育融合的行动研究现状调查报告	调研报告	1
2	能量币的使用和管理培训手册	手册	1
3	财经素养与德育融合的多元活动	活动策划、总结、录像	10
4	配套的学生财经素养与个人成长评估报告	评估报告	1
5	研究论文	论文	5

第十二章　专题研究与学术研讨

第一节　巧用数字化，为班级管理赋能奠基

摘要：教育数字化转型已成为一种现象级议题，有关教育数字化转型的方法、策略、路径、设计、逻辑，乃至指标、标准和框架等文章如雨后春笋般涌现。这一现象蕴含着高度共识：教育数字化是我国开辟教育发展新赛道和塑造教育发展新优势的重要突破口。本节旨在探讨数字化应用对于班级管理的赋能作用，并重点介绍“雨校”等软件在班级特色管理中的应用。通过分析相关研究和实践案例，本节提出数字化应用在提升班级管理效率、促进学生互动与参与、强化班级特色的重要性和优势,并提出相应的管理策略建议。

关键词：数字化；学生互动；班级特色管理

当下，对于教育数字化转型实践来说，林林总总的“实践方略或良策”不过是对底层逻辑的认识折射或表征，没有对教育数字化转型底层逻辑的正确认识，所谓的转型方略很容易滑向缘木求鱼或郢书燕说，甚至南辕北辙。比如，不论何种技术在教育中的应用，“改变的是技术，不变的是育人”。尊重常识即遵循底层逻辑，是探寻教育数字化转型实践方略的前提。

在信息技术快速发展的时代背景下，数字化应用已经成为教育领域的重要趋势之一。数字化应用可以有效提升班级管理的效率和质量，为教师和学生提供更便捷的学习和交流方式，尤其是“雨校”数字化管理系统等软件的出现，为班级特色管理提供了全新的思路和可能性。本节将重点探讨数字化应用在班级特色管理中的应用，以及如何最大限度地发挥其优势。

一、数字化应用对班级管理的赋能

班级数字化管理赋能如图 12.1.1 所示。

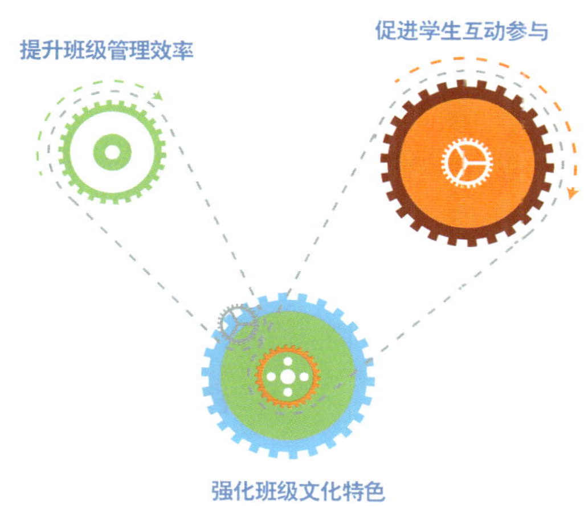

图12.1.1 班级数字化管理赋能

（一）提升班级管理效率

数字化应用可以提升班级管理的效率。通过班级管理软件，教师可以自动完成考勤、成绩录入、通知发布等任务，减轻教师的负担，使其更能专注于教学工作（见图 12.1.2）。同时，数字化应用还可以简化管理流程，减少烦琐的手工工作，提高班级管理的效率和质量。

图12.1.2 班级管理通知公告

(二) 促进学生互动参与

数字化应用促进学生互动与参与。学生通过在线讨论、作业提交和在线测试等功能，可以主动参与到学习过程中，并与同学和教师进行更多的交流和互动（见图 12.1.3）。这种互动不仅有助于学生的学习效果提升，还能促进班级凝聚力的形成。通过数字化应用，学生可以更方便地与教师和同学交流，分享学习资源，提高学习的效果和质量。

图12.1.3 周末主题成长活动及要求

(三) 强化班级文化特色

数字化应用还可以强化班级文化特色。通过班级微信公众号、班级论坛等平台，班级可以展示自己的特色活动和成果，增强班级的凝聚力和影响力。同时，班级管理软件还可以提供个性化的班级管理功能，帮助班级定制符合自身特色的管理模式。通过数字化应用，班级可以更好地展示自己的特色，增强班级的影响力和竞争力（见图 12.1.4）。

图12.1.4 班级特色管理总结列表

二、“雨校”等软件在班级特色管理中的应用

（一）班级信息管理

在具体的应用方面，“雨校”等软件在班级特色管理中发挥着重要的作用。首先，这些软件可以用于班级信息的采集、存储和管理。教师可以通过软件记录学生的出勤情况、成绩、表现等信息，并及时与家长进行沟通。同时，学生和家长也可以通过软件查看和获取班级相关信息，方便及时了解班级的动态和进展。

（二）学生互动参与

“雨校”等软件提供了在线讨论、作业提交和在线测试等功能，可以促进学生之间的互动与参与。学生可以在软件上与同学讨论问题、共享学习资源，并通过在线提交作业和参加在线测试，主动参与到学习过程中。

（三）班级特色展示

“雨校”等软件可以用于班级特色活动的展示和宣传。班级可以通过软件发布班级活动信息、展示班级成果，并与家长和其他班级进行交流和互动。这有助于提升班级的形象和凝聚力，增强班级的特色和影响力。

三、数字化应用在班级特色管理中的管理策略和建议

进一步探讨数字化应用在班级特色管理中的具体策略和建议，可以帮助班级更好地应用数字化工具，提升管理效果。数字化应用在班级管理中发挥着重要的赋能作用（见图12.1.5）。班级可以通过建立数字化应用的管理团队、选择适合自身需求的应用、进行培训和准备工作、鼓励学生和家长参与、评估应用的使用效果，以便最大限度地发挥数字化应用在班级特色管理中的优势。通过合理的策略和建议，班级可以提高管理效率、促进学生互动与参与、强化班级特色，实现班级管理的特色化和优化。

图12.1.5 班级管理策略和建议

（一）建立一个数字化应用管理团队

这个团队由教师和学生代表组成，可以负责评估不同的数字化应用，并选择适合班级管理需求的工具（见图 12.1.6）。团队成员应了解不同应用的特点和功能，并与教师和学生密切合作，了解他们的需求和期望。

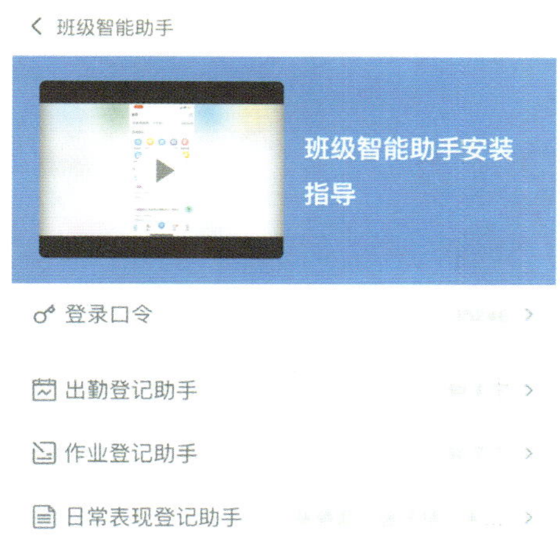

图12.1.6　班级管理团队建设

（二）选择与目标匹配的数字化应用

班级应根据自身特点和需求，选择合适的数字化应用。不同的班级可能有不同的特色和管理需求，因此应选择能够满足这些需求的应用。例如，如果班级重视学生互动和参与，可以选择支持在线讨论和作业提交的应用；如果班级注重班级特色展示，可以选择提供班级宣传功能的应用。

（三）了解应用使用方法和操作技巧

在引入数字化应用之前，班级需要进行充分的培训和准备工作。教师和学生需要了解应用的使用方法和操作技巧，以便能够充分利用应用的功能。班级可以邀请相关的培训机构或专家进行培训，或者组织内部培训活动，提高教师和学生的数字化应用能力。

（四）宣传和鼓励多方主动参与使用

班级可以积极引导学生和家长参与数字化应用的使用，通过宣传和推广活动，向学生和家长介绍应用的优势和功能，并鼓励他们主动参与和使用。班级可以设立奖励机制，鼓励学生和家长在应用中分享学习资源、参与讨论和提供反馈意见（见图 12.1.7）。

图12.1.7　数字化培训与宣传

（五）定期评估应用使用效果和影响

班级可以收集学生和教师的反馈意见，了解他们对应用的满意度和改进建议。根据反馈意见，班级可以不断优化应用的功能和服务，提高用户体验（见图 12.1.8 和图 12.1.9）。

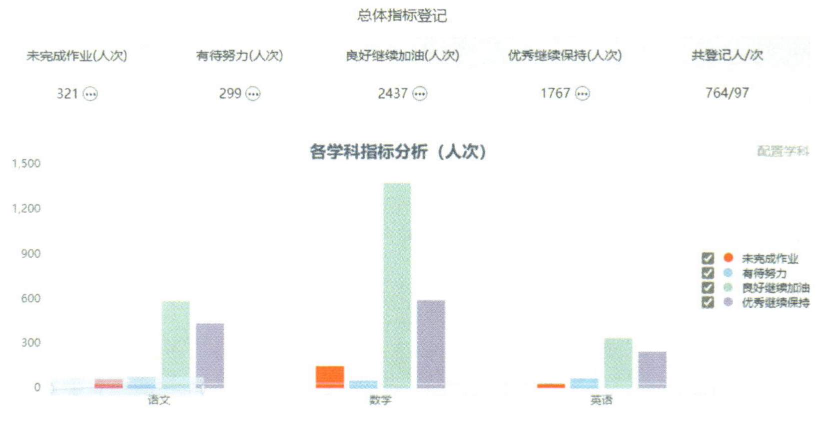

图12.1.8　班级管理评价记录

作业名称	登记学科	班级	登记人	应完成	未登记	已登记	未完成作业	有待努力	良好继续加油	优秀继续保持	完成率
2024年03月15日作业	数学	初二55班	[illegible]	56	0	56	9	13	34	0	83.9%
2024年03月14日作业	语文	初二55班	[illegible]	56	0	56	0	0	39	17	100%
2024年3月14日初二55班作业登记	物理	初二55班	[illegible]	56	0	56	0	20	0	36	100%
2024年03月14日作业	数学	初二60班	[illegible]	55	0	55	9	9	37	0	83.6%
2024年03月14日作业	数学	初二55班	[illegible]	56	0	56	7	0	49	0	87.5%

图12.1.9　班级管理评价记录

班级应密切关注数字化应用的发展趋势和新功能。随着技术的不断进步，新的数字化工具和应用不断涌现。班级应及时了解并评估这些新应用，看是否适合班级管理需求，并及时更新和调整数字化应用的选择和使用。

四、教师应适应潮流，提升人工智能素养

当前，人工智能技术的教育应用前景已初露端倪。人工智能与教育融合为教育带来了创新与改进的良机。人工智能技术还可以根据教师的研究需要和学校的管理需求，提供海量的数据资源和典型的案例分析，从而提高研究结果的全面性与准确性，提升学校治理效率与治理水平。虽然人工智能技术的互动性、情境性、即时性使教育更加高效、有趣，但是，也可能引发隐私泄露、数据滥用、深度造假、数字鸿沟等新的问题与争议。面对这一机遇与挑战，教师的观念、素养很大程度上影响了人工智能技术的应用，提升教师的人工智能素养势必成为应对挑战与机遇的关键。

（一）政策引导是关键

人工智能是一把“双刃剑”，联合国教科文组织呼吁通过政府进行人工智能法规的设计、协调和实施。尽管中国制定了全球首部生成式AI行政法规，但有关人工智能技术的使用年龄门槛、潜在风险评估、国家数据所有权、供应商、机构用户及个体用户责任等方面还亟须制定专门教育规定予以规范。

据此，要建立针对教师人工智能素养提升的引领政策性文件，以保障教师能够合法及时地获得使用人工智能技术的权利，引导教师快速形成人工智能素养。

（二）课程培训是核心

课程是知识转化能力的重要载体。国家要制定人工智能素养培训课程，编制人工智能课程培训方案，将人工智能素养培训纳入教师全员轮训学时，并给予专门的经费支持，构建精准培训体系来确保人工智能课程培训效果，实现从知识到能力的转化。

（三）场景应用是重点

一是要加强互联网、人工智能、大数据、5G 等人工智能新基建建设，构筑智慧教育环境，为人工智能技术应用提供前提条件。二是要推进人工智能赋能教学的变革实践，探讨智能教学模式与研修模式，让教师在人工智能实践中形成人工智能素养。

第二节　班级数字化管理与多元评价研究

摘要：数字化教育已经是必然趋势。在传统的班级管理中，教师难以处理繁杂的德育数据，对于学生的评价方式也比较单一，无法有针对性地解决问题。本节以东华初级中学初三腾飞 60 班学生为研究对象，在传统教育教学的基础上，以“雨校”为载体，结合 STEAM 教育理念、多元评价理论，形成一套较为完善的班级管理和学生评价体系，为班级管理注入新鲜血液，助力班级腾飞。

关键词：“雨校”；数字化管理；STEAM 教育理念；多元评价

一、多元评价理论

教育的根本任务是关注人的精神世界，激发人的内驱力。对于中学班级管理而言，遵循学生身心发展客观规律，借助多媒体技术调动学生的学习积极性，才能长远地、可持续地提升教育的效果。德育量化是班级管理有序性的重要手段，传统的量化过程繁杂，数据处理难度大，无形之中增大了班主任的管理压力。从推行这一套系统后，班主任只需培训班干部采集数据，将数据录入计算机后，一系列的可视化图表和先进团体及个人直接汇总出来，切实减轻了班主任的工作量，提高了班主任的班级管理效率。下面将介绍系统的使用方法、阐述实践期间的心得与感悟。

学习者的能力是多方面的，擅长的领域不同，个体间的能力发展曲线不同。对学生的学习评价应该是多方面的，因为从客观发展规律来说，学生在意义建构过程活动中所表现出来的能力并不是单一维度的数值，而是对多维度和综合能力的体现。多元评价理论可以从三个方面体现：评价主体多元化、评价内容多维化、评价方法多样化（见图 12.2.1）。

图12.2.1 多元评价理论

（一）评价主体多元化

评价主体是指那些参与教育评价活动，且按照一定标准对评价客体进行价值判断的个人和团体。评价主体多元化使得评价更具有参考价值，能够从多个维度对评价客体进行价值判断。评价主体多元化主要体现在：评价主体除了教师外，还可以是教育决策机构、专职评价机构、学校管理人员、学生家长、学生群体和个体以及校外的其他相关人员。评价主体多元化在很大程度上有利于发掘学生的潜在能力，激发学生学习的内驱力。

（二）评价内容多维化

美国心理学家加德纳提出的多元智能理论认为，人类至少有 9 种智能：语言智能、逻辑推理、身体动觉、视觉空间、音乐节奏、人际交往、自知内省、自然观察、生存哲学。学生的认知水平高低不同，所擅长的领域不同，不能以单一的标准对学生进行评价。通过 9 个维度的智能评价，可以得出学生阶段性的各项能力指数，更加立体地帮助老师、家长、学生本人深入了解哪些是自己的优势，哪些是自己待改进之处。

（三）评价方法多样化

由于评价主体具有多元化，根据评价主体不同，在实际生活中采取的评价方式也不一样，主要是自我评价和他人评价。自我评价是指学习者按照一定的评价标准，对自己的工作、学习、品德等方面进行价值判断；他人评价是指除学习者外的个体或团体对其进行的评价。自我评价能充分激发学生学习积极性，而他人评价较为客观，可信度高，有一定权威性。根据评价内容差异性，可采用量化评价和质性评价。量化评价是指运用数学、统计学等工具，收集、整理评价对象的资料，利用数量化的分析和计算，对评价对象做出合理的、有效的评价方法，主要包括标准化测验、常规模拟测验等；质性评价是指模糊评价的方法，主要用于确定评价对象是否积极、方向是否正确和一些细节上的利弊。根据评价手段不同，可采取人工评价和计算机评价。

二、基于“雨校”的班级数字化管理

“雨校”数字化系统致力于服务 K12 教育老师、学生及家长，为学校提供统一教学平台。基于点滴汇聚，润泽成长的理念，面向中小学，为学校、老师、学生、家长提供智慧教务办公、智慧教学互动服务的一体化智慧校园，让教学变得更有趣，让评价更加多元化，有助于形成学生的立体形象。

“雨校”有手机移动端和PC端，数据同步，且具有综合分析意义。在“雨校”移动端，我们可以看到学生每天、每周、每月、每学期和某些时间段内的德育量化数据，这是传统班级管理的延伸。通过对数据的实时记录，我们可以及时通过学生的加扣分情况进行有针对性的教育，在各层级评优评先中作为重要参考之一。同时，由于“雨校”功能较为完善，在数据处理、分析过程中，可以生成学生每个阶段的过程性评价，在学期末或者学年末生成终结性评价，有助于教师和家长了解学生在校的综合表现（见图 12.2.2 和图 12.2.3）。

图12.2.2 “雨校”学生得分页面

图12.2.3 “雨校”网页端

PC 端数据完全同步，并且家长也可以通过手机移动端查看孩子的表现。

对于学生的评价，教师可以在后台设置加扣分的标签和分值，结合班级实际情况进行调整，以促进德育量化效果，服务班级管理（见图 12.2.4）。

图12.2.4 “雨校”学生个人评价标签

课堂评价在教学与管理中是非常重要的，从短期来看，会影响学生整堂课的学习效果和学习积极性；从长期来看，会影响学生的学习内驱力、学科核心素养和潜在意识的培养。我们设置的评价标签应贴近课堂实际情况，如“表达清晰流畅”“发言积极”“认真预习”“坐姿端正”“认真听讲”“勤奋练习”“课堂专注”等正面表扬标签，还有“注意力欠佳”“上课不专注”“抄袭作业”等有待改进标签。

班级、宿舍、一日常规中的德育管理数据也有相应的记录，如“协助老师管理”“团队协作”“乱扔垃圾”“带零食入教室”“宿舍两休纪律不佳”等。

三、基于STEAM教育理念的多元评价实施

美国政府最早提出 STEAM 教育理念的教育倡议，其目的是加强美国 K12 关于科学、技术、工程、艺术和数学的教育。STEAM 的前身是 STEM 理念，即科学（science）、技术（technology）、工程（engineering）、数学（mathematics）的首字母。重点在于鼓励孩子在科学、技术、工程和数学领域的发展和提高，培养孩子的综合素养，从而提升其在日新月异的全球化发展中具备竞争力。近年来加入了艺术（arts），更加完善。多年来，STEAM 教育在美国教育中的地位可以等同于中国的素质教育，而美国各个州的中小学都设有 STEAM 教育的专门经费开支。在 STEAM 教育的号召下，机器人、3D 打印机等先进科学技术贴近了学生的日常生活。随着运用的发展，当前提升孩子学习的教育科技产品层出不穷；而我们所提到的这五大学科，技术和工程结合，艺术和数学结合，正在打破常规的学科界限。

我国明确提出 STEAM 教育要追溯到 2015 年 9 月《关于“十三五”期间全面深入推进教育信息化工作的指导意见（征求意见稿）》，具体来看，几年以来，浙江、山东、山西、陕西、天津、河南、四川、江苏、重庆等将 STEAM 教育科目列入常规教学、考试体系当中，成为“硬性指标”，K12+ 教育也应运而生。

为了进一步探索和完善基于 STEAM 教育理念的多元评价，本案例以腾

飞 60 班李某某同学作为主要研究对象，以“雨校”为数字化管理载体，分析对比采用数字化管理和多元评价前后，学生的各项表现。

传统班级管理和评价体系下学生的基本情况：该生是一名舞蹈专业生，思想相对比较叛逆，课堂基本上不发言，作业基本可以完成，但每天需要催，自主学习能力较弱。

从 2022 年 3 月初启用“雨校”作为班级管理的核心，用于分析该生情况的数据截止到 2022 年 6 月初，并形成学生的成长报告册（见图 12.2.5）。

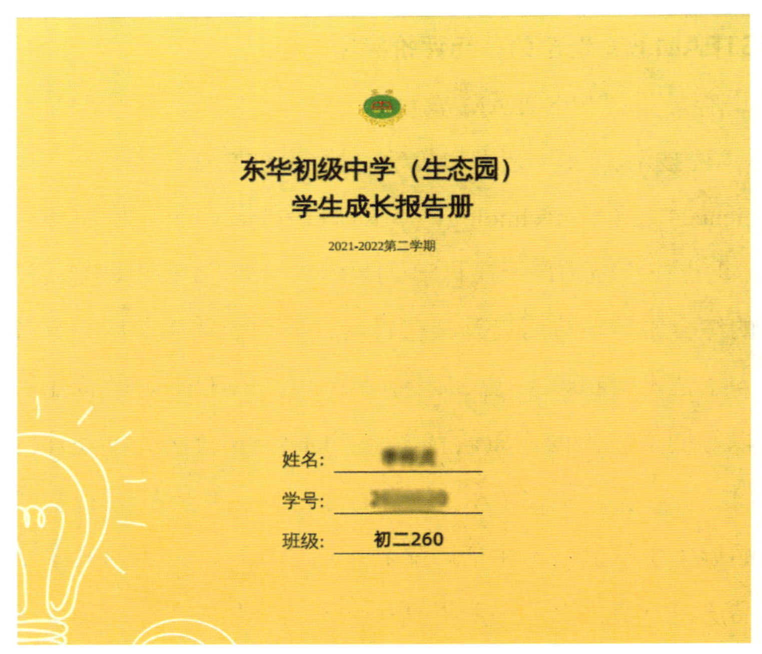

图12.2.5 学生成长报告册

个人综合素质成长：在六维评价的基础上，结合九型人格（活跃程度、规律性、主动性、适应性、感兴趣的范围、反应的强度、心理的素质、分心程度、专注力范围），我们采用九维评价，通过雷达图的形状特性，更加直观地分析学生的优势、不足和今后发展的方向（见图 12.2.6）。

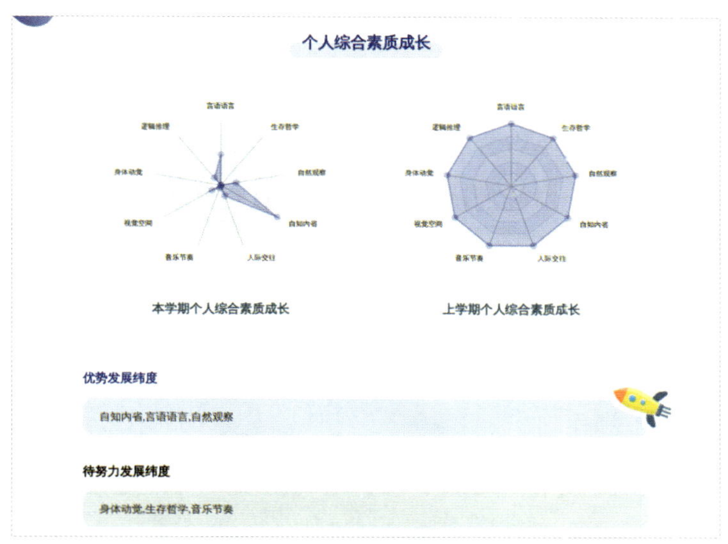

图12.2.6　学生九维评价可视化图

对于九维评价中每一项，我们都进行横向和纵向的深度挖掘，通过可视化图表，发现并放大学生的优点，做出更科学的评价。图12.2.7以“言语语言”为例，可供参考。

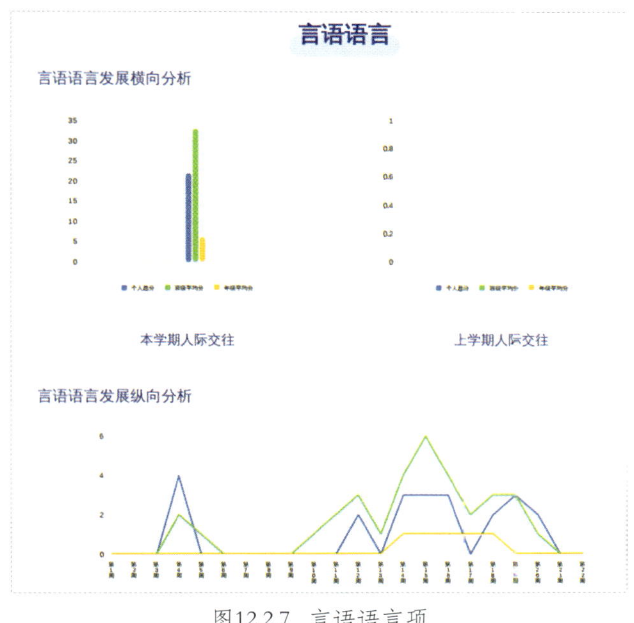

图12.2.7　言语语言项

从横向分析上看，我们可以发现腾飞60班学生的平均得分要高于年级平均得分，说明该班学生的语言能力相对较强，李某某同学此项得分介于两者之间，说明该项能力发展均衡，但仍有进步空间。

从纵向分析上看，前几周的数据较少，对应的学生处于适应阶段，后面几周数据逐渐丰富起来。李某某同学第4、12、14、15、16、18、19、20周的言语语言方面表现较好，但是总体来看波动较大，这也侧面反馈出学生在研究时间内学习状态、情绪状态的波动。作为班主任，我们可以及时引导，明确方向，发挥引领作用。

能量币系统：能量币作为数字化管理的重要产物，融合了财经素养，设置收入、消费、理财等场景，具有激发学生参与热情和自我约束能力的积极作用，我们对学生也可以做一个收支分析，帮助学生更加深刻地体验生活中的财经素养，从而引导学生把优秀当成一种习惯，如图12.2.8所示。

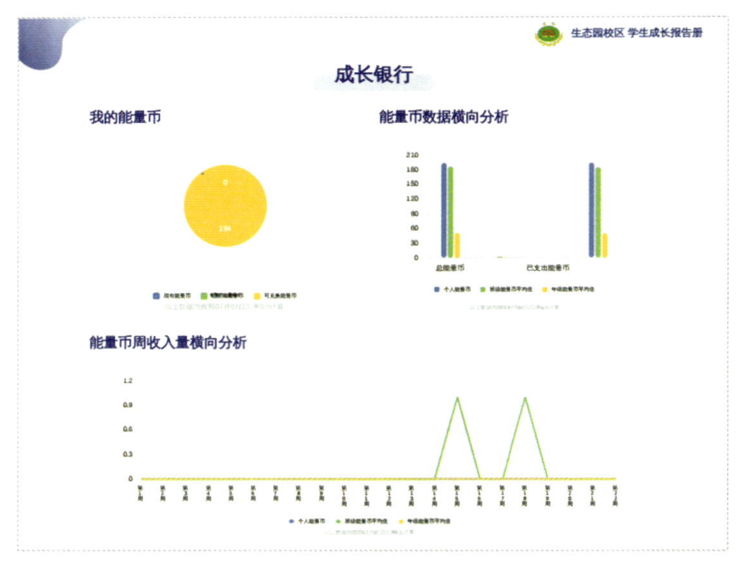

图12.2.8 成长银行

“雨校”的职能是记录数据、分析数据，促进班级管理，实现对学生的多元化评价。在学期末的成长报告册中，“能量中心”板块会体现出学生收入最多的模块以及与这些模块相关的正向指标。

通过对这些模块和指标的跟踪，我们发现这个学期李某某同学课堂上的表现有很大改变，“发言积极”“认真听讲”等正向指标呈线性增加。同时，在宿舍纪律表现优秀，进步巨大。

采取数字化管理和多元评价后的基本情况：课堂积极性有明显提升，上课更愿意举手发言，专注度有所提高，学业水平呈逐步上升趋势。宿舍纪律、卫生情况有好转，多次受到生活老师表扬，包括周末的学习更加自觉，自主性方面有提升（见图 12.2.9）。

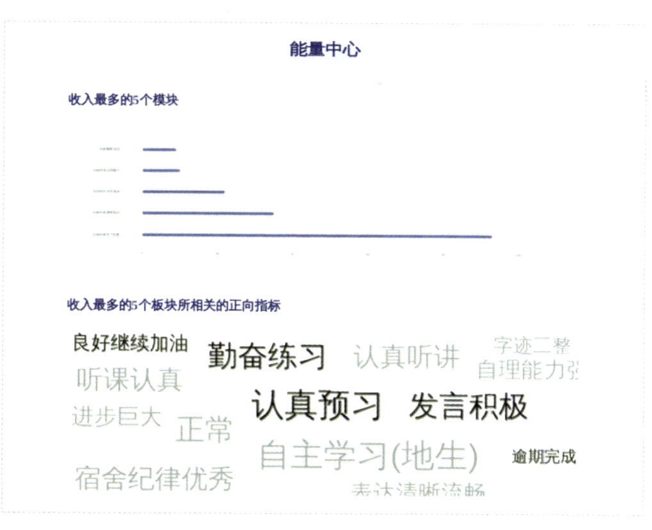

图12.2.9 能量中心与个人关键词

四、数字化管理与学生多元评价实施结果分析与反思

（一） 结果分析

从班级整体情况来看，采用多元评价后学生更容易找准自己的定位，教师和家长的教育也更具有针对性。从目标案例来看，李某某同学在研究初始阶段，效果不明显，主要因素是适应调整阶段，数据有缺失或具有一定的不稳定性。在适应期后，各项数据趋于正常，具有较强的参考意义，通过数据

和可视化图表可以直观看到学生的各项表现，随着时间的推移，可以观察到学生细微的变化，班干部、老师、家长做出及时、有效的评价。李某某同学的改变是明显的，说明数字化管理与学生多元评价对班级管理是有促进作用的，可以更好地为学生制定个性化教育策略。

（二）案例反思

虽然说案例实施的结果是积极的，但在实施过程中也有很多环节需要优化。学生干部在使用“雨校”进行评价时，需要经过系统的培训，包括操作上的和公平公正原则上的，不然在操作过程中会出现一些重复的或者不对应的数据，干扰对学生的过程性评价和终结性评价。同时，数字化管理和多元评价具有时效性，最好是值日班长每天晚修后有总结，班主任一周有一次总结，及时评价，树立正向指标。在实施过程中，能量币收入、消费、理财是一个庞大的系统，需要有各科老师的配合和学校的大力支持。今后的研究者应做好充足准备，学习理论基础，并充分调研学校、班级的实际情况，再进行开展。

第三节　依托多元化德育活动　创设数字化育人模式

摘要：德育活动是现代德育的重要载体，是教育学生的重要手段。对于正在形成人生观、价值观和世界观的初中学生而言，通过亲身参与德育活动来提升自身的品德和修养比传统的说教更具效果。随着科技的不断进步，数字化已逐渐与教育深度结合，国家也在不断提倡“教师数字化素养”这一理念。本文以初中德育活动为例，简单阐述多元化德育活动和数字化育人模式之间的关系。

关键词：德育活动；初中学生；数字化；育人模式

育人在于育德，育德在于育心。广义上，教师的职责是教书育人。通过多年的一线教育经验总结，笔者认为“教书”是建立在“育人”的基础之上的，只有先把学生的品德“育”好，才能把知识“教”好。因此，德育工作的实质是为教学工作保驾护航。随着时代的快速发展，新时期的德育模式更倾向于数字化德育、体验式德育，传统的德育模式正在发生转变。在初中阶段，学生处于个性快速发展、自我意识开始觉醒以及独立意识日趋强烈的重要阶段。激发德育活力，拓宽德育内涵，增强德育实效，丰富德育方式，在德育实践中关注学生个体，注重其精神成长显得尤为重要，以便达到以学生多元发展为本，为学生的终身发展奠基的最终目的。

一、初中德育活动的分类及意义

初生阶段是学生的人格、性格形成和塑造的关键阶段。因此，不同的德育活动能够给予学生不同的成长体验。从活动的形式内容上，笔者认为初中德育活动根据活动目的可以分为以下五大类。

（一）体育活动类

例如，国防教育训练、广播操比赛、拔河比赛、运动会等。这些活动无一例外都在室外举办，场地大，参与面广，正向引导强，能够帮助初中生树立积极、正能量的人生观，帮助学生培养积极、阳光、乐观、好助、坚毅、拼搏的意志品质，同时帮助学生建立健康的生活习惯和团队协作意识。

（二）文化活动类

这类活动主要体现在锻炼学生的思维、口才、人际交往等方面。例如，校园十佳歌手比赛、校园“三独”比赛、校园十大主持人比赛、校园励志演讲比赛、语文朗诵大赛、英语趣配音大赛、三笔字大赛、宿舍美化大赛等。近些年随着网络的发展，各种电影节、话剧节、街舞大赛、辩论赛等渐渐从大学校园开始逐步走进初中校园，包括动漫 Cosplay 也在初中校园非常火爆。

（三）社团活动类

根据学生不同的兴趣爱好，学生自由组成社团，并委派相应的教师作为指导老师负责。根据不同的社团内容，定制不同的社团名称、社团章程、社团文化、社团展示等，给学生提供多样的展示自身才艺的平台。

（四）心理健康类

近些年，教育愈发回归“人”和“生态”的角度，这就要求教育者除了关注教育成绩之外，更关注受教育者的心理健康。这类活动一般包括心理测试、心理咨询、心理大课等，目的是了解受教者的心理健康程度，进行心理按摩或者心理疏导。

（五）宣传教育类

这类活动主要以学校和社会共同承担，包括消防知识演练和讲解、自然灾害的预防、爱国主义教育等。

除了学校层面的大型活动之外，每位老师，尤其是班主任，可以根据中国学生发展核心素养，结合自己所任教班级的实际情况开展不同种类的德育活动，在人文底蕴、科学精神、学会学习、健康生活、责任担当和实践创新六大方面对学生进行针对性的塑造和培养（2014 年，教育部研制印发《关于全面深化课程改革落实立德树人根本任务的意见》中明确提出，教育部将组织研究提出各学段学生发展核心素养体系，明确学生应具备的适应终身发展和社会发展需要的必备品格和关键能力）。这类活动主要包括主题班会课活动、假期家庭亲子德育活动、班级自发组织的特色活动（如班级朗读者活动）等。此类活动建立在学校德育体系之中，虽可能具有特殊性不便于全体推广，但却是对学校德育体系的有效补充。

二、初中德育活动的育人功能

德育活动的育人功能主要从培养学生多元发展的角度出发，即培养学生的德、智、体、美全面发展，从而为以后成为完全的社会人打下坚实基础。本文以初一年级的德育活动为例，阐述德育活动对学生成长所起到的积极作用。以笔者所在学校 2021 级初一学生为例，表 12.3.1 所示为某学校 2021—2022 学年下学期的德育活动。

表12.3.1 某校2021—2022学年下学期部分德育活动一览

周次	日 期	项 目
一	2.17—2.23	开学典礼
二	2.24—3.2	班级干部会议
三	3.3—3.9	1.辩论赛初赛 2.音乐科组“三独”大赛启动
四	3.10—3.16	篮球联赛启动
五	3.17—3.23	1.宿舍美化评比 2.男女生会议
六	3.24—3.30	读书节
七	3.31—4.6	校园学习生活小结大会
八	4.7—4.13	社会实践
九	4.14—4.20	1.社会实践 2.辩论赛班级PK赛 3.“三独”决赛 4.篮球联赛决赛
十	4.21—4.27	1.辩论赛级组PK赛 2.社会实践
十一	4.28—5.4	辩论赛总决赛

续表

周次	日　期	项　目
十二	5.5—5.11	单元过关训练
十三	5.12—5.18	1.周一辩论赛半决赛 2.单元过关训练 3.表彰大会
十四	5.19—5.25	1.纪念五四运动100周年活动暨演讲比赛决赛 2.家长会
十五	5.26—6.1	辩论赛决赛
十七	6.9—6.15	语文、英语科组配音大赛决赛
十九	6.23—6.29	拔河比赛

通过以上各类德育活动，对初一学生的学习习惯、生活习惯、人际交往能力、语言表达能力、体育运动能力、团队协作能力等进行不同程度的培养和训练，以达到活动育人的功能。

除此之外，为响应学校“多元发展”的号召，笔者带领级部老师和学生在年级活动的基础上进行了一系列的个性化级组活动，涉及学生的德育管理、习惯养成和学业管理，以期给学生更多展现自我的机会和平台，达到活动育人的目的。

（一）“月圆人圆 生态齐欢”中秋节亲子活动

本活动旨在让孩子进一步了解中国传统文化，提升孩子对中外文化的了解，也为了进一步提升家庭亲子关系，增强家庭成员之间的感情。本次活动分成两个部分：第一，响应国家倡导回归传统文化的号召，每个孩子以“中英文手抄报”形式介绍中秋节，以及国内外友人对中秋节的不同认识；第二，和父母一起亲手制作传统中秋花灯，留下一份属于自己的美满回忆。

（二）单元过关训练动员大会暨英语日启动仪式

通过班级挑战，组建班级个性化精英战队，让学生树立精英意识，以点带面，让优秀学生群体领跑班级，起到引领和示范作用。同时让班级与班级之间互相产生竞争意识，培养学生在学习方面的竞争意识。开展级组英语日活动，旨在打造级组特色，培养学生的英语学习兴趣，鼓励学生大胆开口，为学生后续的英语学习打下基础，培养自信心，提高技巧性。

（三）健康周末活动

结合中国传统文化，级组开展系列化周末亲子主题活动，每周制定不同主题，内容涉及传统文化、感恩、亲子互动等，通过这些活动，丰富学生的周末生活，回归简单的家庭为主模式，旨在让学生远离手机，亲近大自然，促进家庭亲子关系的提升。

三、数字化德育的基本要素

新时期由于数字化的到来，在中小学德育领域产生了一个根本性的矛盾，即新时期对人才思想品德的要求与现有德育方法之间始终存在着一定的差距。数字化的到来，丰富了传统的德育方法，让教师们能够通过数据关注德育的过程性评价，从而看到一个学生的思想成长。故此，数字化德育的基本要素需要以下几点。

（一）数字化德育需要一个功能完善、操作方便的数字化平台

互联网的崛起，打破时空限制、加速信息流转速度、外显跟踪事项进度等给德育常规工作带来极大的便利。以笔者所在学校为例，选取的平台是教育部白名单内的“雨校”App（见图 12.3.1）。该软件可在 PC 端和移动端同时操作，大大提升了工作效率。在 3 年来的不断创新、调整和研发中，目前该平台的德育管理架构已趋于完善。从学生的一日常规表现，包括课堂表现、宿舍表现、德育活动表现等成长管理类至大型德育活动的统计等，应有尽有。

一学期下来，学生的各方面表现以统计图的模式生产，可以直观地观测出每位学生、每个班级的成长轨迹，以便于学校德育处或班主任在后续的德育活动中有针对性地选择，更好地开展德育活动及培养学生素养。

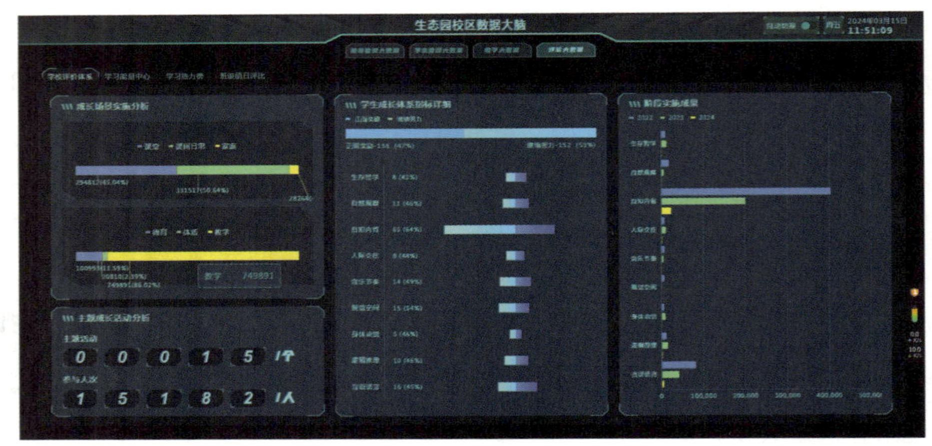

图12.3.1 “雨校”平台学校德育活动评价体系

（二）数字化德育需要一批热爱、拥抱数字化的教育者

现如今，数字化德育的趋势犹如当年 PPT 进入课堂一样，让许多老一辈的教师产生诸多不适应。但经过多年的发展，PPT 已经成为当今课堂中不可或缺的一部分。目前在各行各业，数字化的发展可谓是日新月异，例如大家所熟知的 ChatGPT，自 2022 年 11 月份发布以来，在短短一年多的时间里已更新至 4.0 版本，其智能程度令人咋舌。2024 年 2 月，OpenAI 公司更是发布了新一代的人工智能文生视频大模型 Sora。在教育界，传统的德育活动方式虽然仍在校园内开展，但是并不妨碍与数字化的结合。传统德育活动的内容融合现代化的数字化技术，可以使德育活动的质量更上一个台阶。而这两者的有机结合，则需要一批专业的数字化教师（见图 12.3.2）。教育部在 2023 年 2 月提出教师数字化素养这一理念，鼓励教师适当利用数字技术获取、加工、使用、管理和评价数字信息和资源，发现、分析和解决教育教学问题，优化、

创新和变革教育教学活动。

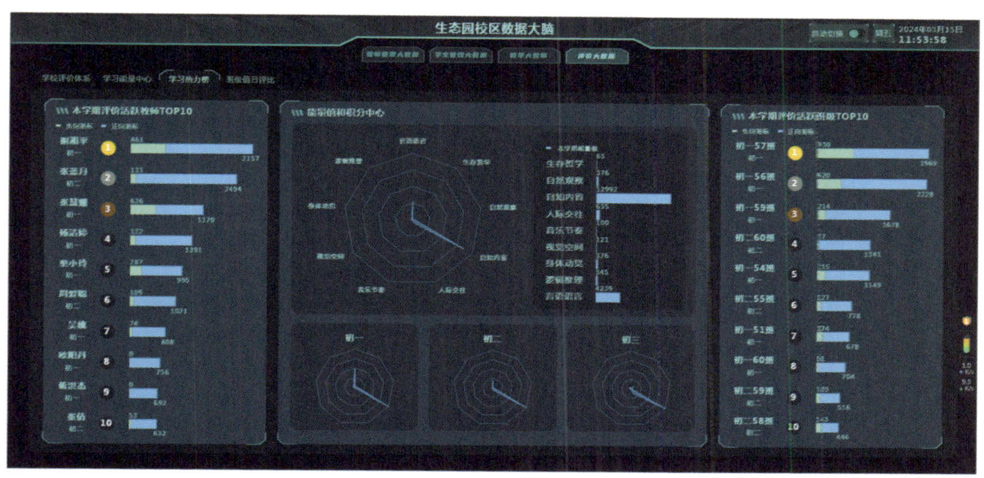

图12.3.2 “雨校”平台学校德育活动教师评价热力榜

（三）数字化德育需要社会提供一个安全的伦理环境

数字化、大数据等固然可以使德育活动变得有迹可循，更使传统的“德育无痕”走向可视化、过程性评价等领域，但是随之而来的伦理问题也需要学校德育管理者向学生和家长沟通说明。在德育活动的数字化过程中，必不可少的一环是需要收集学生的基本信息，以便活动结束后进行学生个体和班级整体的总结、归纳。目前所需的信息量不大，但随着活动内容的丰富和形式的多样化，在不久的将来，或许需要收集的学生个体信息将会增多，内容也会更加详细。因此，出台相关的规章制度保障数字化德育活动的正常进行势在必行。

四、初中德育活动的开展模式

通过以上德育活动的开展，德育活动的育人模式可以按照以下的模式开展进行（见图 12.3.3）。

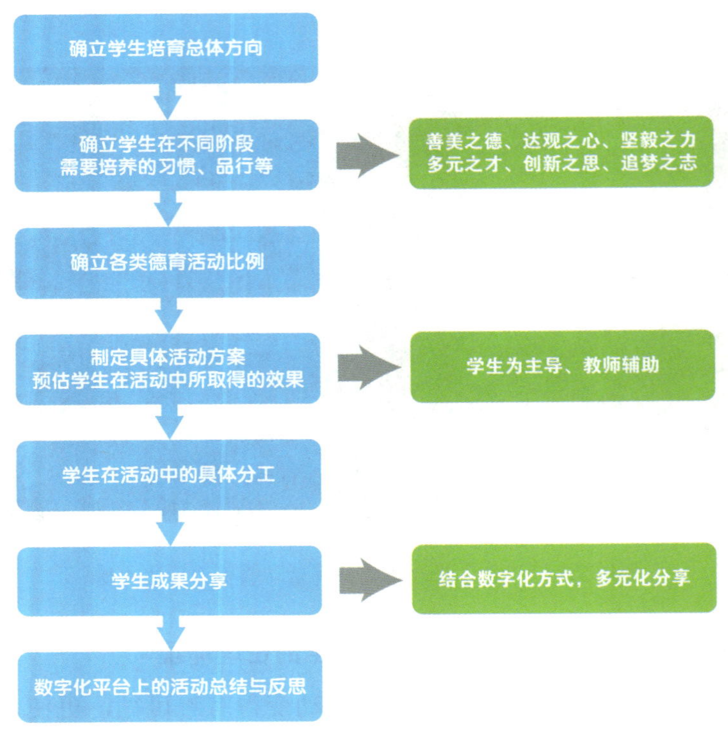

图12.3.3 初中数字化德育活动开展模式

通过在不同阶段开展不同种类的德育活动，可以将学校的育人理念传递到学生心中，让学生参与活动的同时，按照既定的成长方向健康发展，同时通过数字化平台的可视化数据对活动结果进行过程性评价和多模态的总结和反思，从而达到育人的目的。

五、举办初中数字化德育活动的注意事项

德育活动固然有其对育人模式建立的推动作用，然而凡事都有利有弊。笔者认为，在推广或实施德育活动时应当注重以下几个方面。

（一）安全管理

向学生灌输“安全第一”“安全大于天”的理念，无论室内还是室外活动，都应该有专门老师负责安全管理和巡查。

（二）注重活动结果，更注重活动过程

一次德育活动的成功开展固然可喜，但更重要的是要重视在活动开展过程中学生是否如预期般有所感悟，行为规范、思想意识等有所提升。

（三）注重德育活动的可持续性发展

经济有可持续性发展，德育活动亦然。孤立的一个活动虽有德育效果，但是却远远不如系列德育活动。因此，需要活动的策划者未雨绸缪，提前做好德育活动规划。

（四）数字化技术的伦理性和合法性

大数据时代，人人信息透明，但个人隐私是受法律保护的。这要求学校在进行数字化活动时应提前告知学生及家长所需的信息，在合理、合规、合法的范围内进行。

六、初中数字化德育活动育人实案

下面笔者提供初中数字化德育活动的实际策划案以供参考。

“雨校”平台“主题成长活动”内容展示如图 12.3.4 所示。

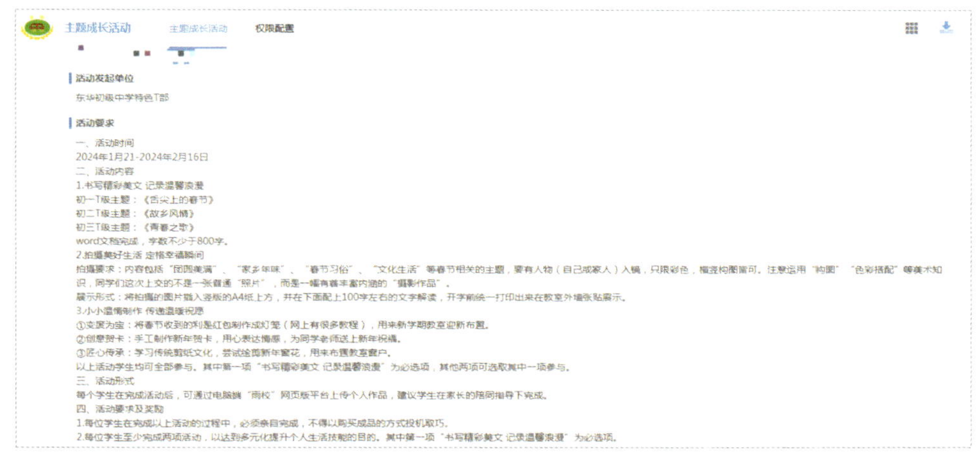
主题成长活动　主题成长活动　权限配置

活动发起单位

东华初级中学特色T部

活动要求

一、活动时间

2024年1月21-2024年2月16日

二、活动内容

1.书写精彩美文 记录温馨浪漫

初一T级主题：《舌尖上的春节》

初二T级主题：《故乡风情》

初三T级主题：《青春之歌》

word文档完成，字数不少于800字。

2.拍摄美好生活 定格幸福瞬间

拍摄要求：内容包括“团圆美满”、“家乡年味”、“春节习俗”、“文化生活”等春节相关的主题，要有人物（自己或家人）入镜，只限彩色，横竖构图皆可。注意运用“构图”“色彩搭配”等美术知识，同学们这次上交的不是一张普通“照片”，而是一幅有着丰富内涵的“摄影作品”。

展示形式：将拍摄的图片插入竖版的A4纸上方，并在下面配上100字左右的文字解读，开学前统一打印出来在教室外墙张贴展示。

3.小小温情制作 传递温暖祝愿

①变废为宝：将春节收到的利是红包制作成灯笼（网上有很多教程），用来新学期教室迎新布置。

②创意贺卡：手工制作新年贺卡，用心表达情感，为同学老师送上新年祝福。

③匠心传承：学习传统剪纸文化，尝试绘画新年窗花，用来布置教室窗户。

以上活动学生均可全部参与。其中第一项“书写精彩美文 记录温馨浪漫”为必选项，其他两项可选取其中一项参与。

三、活动形式

每个学生在完成活动后，可通过电脑端“雨校”网页版平台上传个人作品，建议学生在家长的陪同指导下完成。

四、活动要求及奖励

1.每位学生在完成以上活动的过程中，必须亲自完成，不得以购买成品的方式投机取巧。

2.每位学生至少完成两项活动，以达到多元化提升个人生活技能的目的。其中第一项“书写精彩美文 记录温馨浪漫”为必选项。

图12.3.4 “雨校”平台“主题成长活动”内容展示页面

图 12.3.4 所示案例是笔者利用“雨校”平台带领所在部门的全体班主任

开展的一次数字化德育活动。根据初一到初三不同的年龄段特征和心理发展特点，制定了三大类线上德育，包括文学创作、摄影制作、传统手工等内容，图 12.3.5~ 图 12.3.7 是活动结果展示。

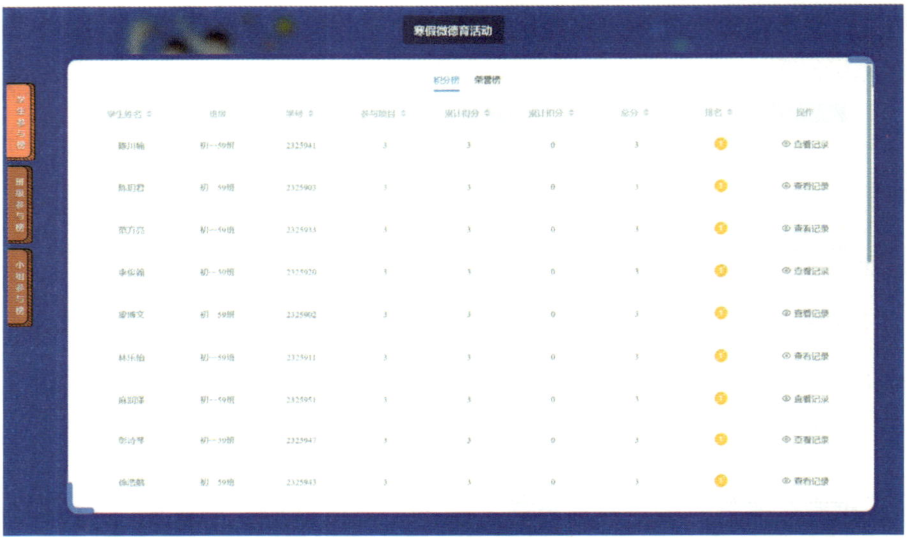

图12.3.5　初一59班部分学生活动数据展示

图12.3.6　初二57班部分学生活动数据展示

图12.3.7 初三55班部分学生活动数据展示

通过以上结果，活动发起者和管理者可以清晰明地观测到活动结果，对于学生的参与度、热情度有了准确的认知，方便教育者进行后续归纳总结，明确接下来的德育活动组织方向。

七、结语

德育活动是实现德育育人的重要载体，也是如何做好德育工作的重要课题之一。传统的德育育人方式必定会跟随着德育活动的不断升级和改良而进行改变，加之社会经济与文化的快速发展，数字化教育的不断推进和完善，相信未来的德育活动会兼具传统的育人功能和现代的数字科技，育人的模式也会更加丰富多彩。

第十三章　特色活动案例

第一节　知识竞赛暨 T 部之夜活动

一、活动意义

本次活动从学科竞赛到游园项目，到趣味运动会，皆以校园能量币为主要表扬、表彰媒介，本次活动集学科竞赛、自营超市、拍卖会、音乐、美术、书法、编程、魔方、运动等活动项目，生生参与、师生参与、亲子参与，促进学生情感健康、心理健康、交际健康、人格健康。

在课堂评价过程中，每位同学账户中会产生较多评价信息，对应产生诸多的能量币，除对学生产生的激励机制外，同样可以在活动中用以消费（见图 13.1.1）。在该活动中，模拟现实社会场景，以沉浸式的方式，体验各类活动，形成对学生的财富观、人生观、价值观潜移默化的教育和影响。

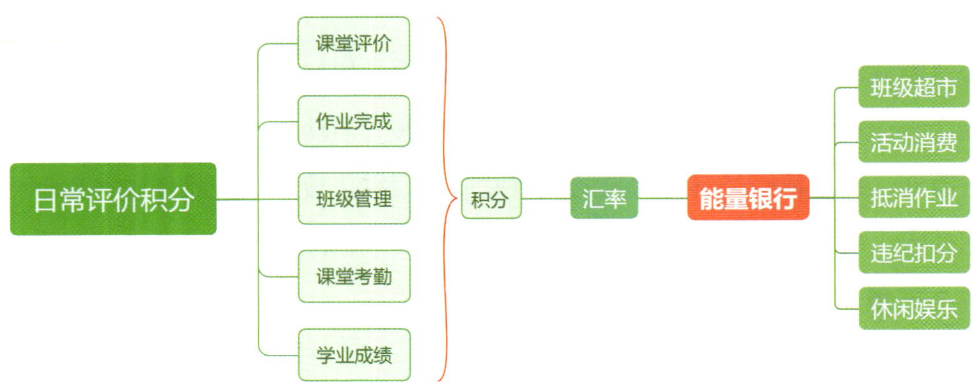

图13.1.1　学生能量币的收入来源与消费场景

二、活动思路

通过该活动，将课堂奖惩的能量币流动起来，为能量币创造应用场景，让校园能量币更有价值和意义。在学科竞赛现场答题，赚取能量币，用于T部之夜活动区域去消费，当余额不足时，回到知识竞赛区域继续答题，赚取能量币，形成一个校园能量币的交易闭环。

三、活动项目

（一）T部之夜

T部之夜由两部分内容组成：一是简短的开幕式；二是游园活动。

1. 开幕式环节

活动的核心内容是游园活动，开幕式的意义更多在于仪式感、参与感，开幕式环节设置三个节目，以体现个性为主的T台秀，以传播传统文化为主的《唱脸谱》演唱与变脸表演，以全员参与为主的歌曲《星辰大海》（见图13.1.2）。

图13.1.2 T部之夜开幕式设计

2. 游园活动环节

游园活动是 T 部之夜的核心场景，模拟的是社会上的夜市、步行街、游乐场的现实场景，重在体验生活真实场景，项目有二十多项。游园活动项目地图如图 13.1.3 所示。

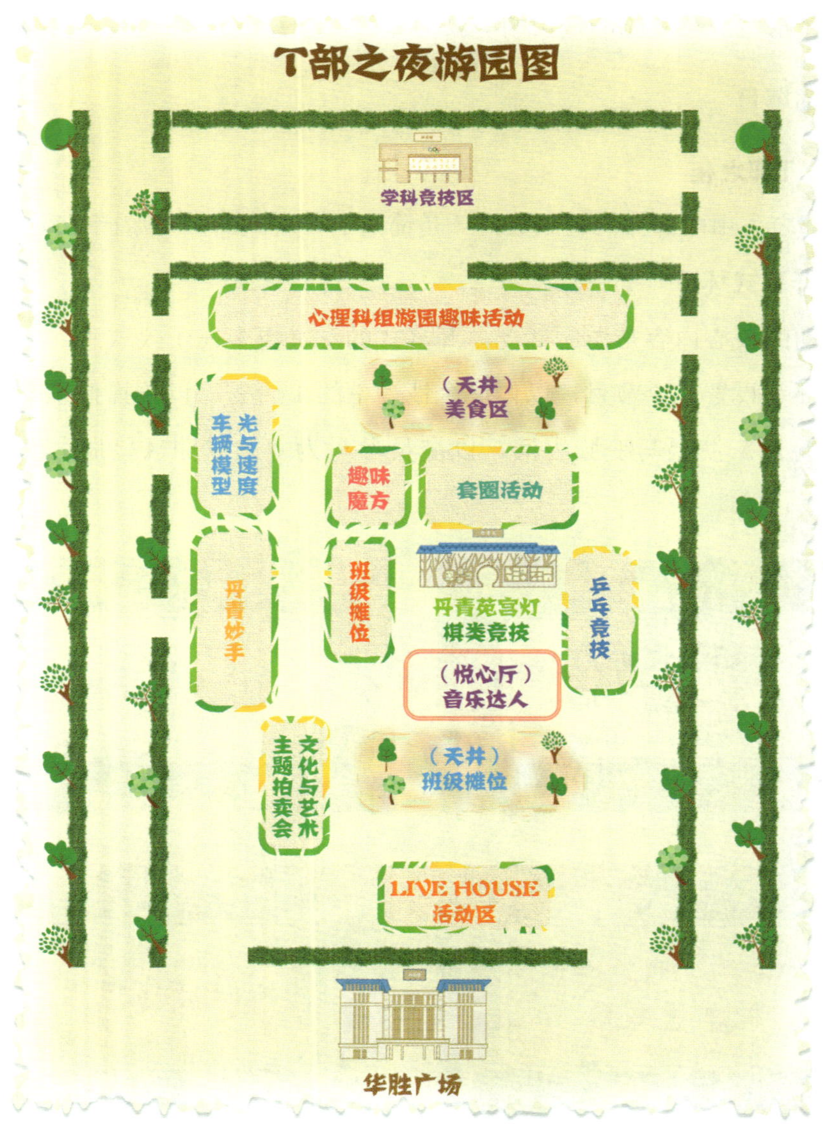

图13.1.3 游园活动项目地图

活动项目如表 13.1.1~ 表 13.1.6 所示。

表13.1.1 音乐类活动项目

项　目	参与形式	活动流程
传统乐器听歌猜曲	学生能背出一首关于梅花的诗句，就有参赛资格	环节一：五位参与者支付门票后进入游戏区域，邀请提前准备好的艺术班民乐专业学生上台演奏。五位参与者进行举手抢答，所有参与者都将获得纪念礼品一份。 环节二：五位参与者在环节一结束后，自动进入环节二，根据正确答案，学生可以选择演唱正确答案歌曲的片段，唱对两句以上，可以获得一次抽奖机会。如无人演唱，此环节跳过
饴饧小摊	支付数枚能量币参与	用校园能量币兑换糖果
欢歌会	支付数枚能量币参与	参与活动，赢得相应的奖品，包括奖品、纪念奖两种
古筝节奏大师	支付一枚能量币，现场答对题闯关参与	1.在歌曲列表中选择喜欢的曲目进行挑战。 2.挑战结束后，得分超过1500的同学，可获得冰糖葫芦小零食一份
古风妆媔	白色背景布和支架及灯光	1.教师/学生化妆。 2.专业摄影拍照发送邮箱

表13.1.2 美术类活动项目

项　目	参与形式	活动流程
吹画梅花	学生能背出一首关于梅花的诗句，就有参赛资格	1.工作人员对于背诵了关于梅花诗歌的同学随机发放编号。 2.按桌子相应编号站位准备吹画梅花比赛。 3.选手在纸上滴墨，然后用嘴吹或者用吸管吹，用毛笔画算犯规，选手用棉签或者手指等蘸上红墨水，点上梅花。 4.评委、投票选出冠军、亚军、季军。现场颁发小礼品。 5.完成的作品放在一边晾晒和展示

续表

项　目	参与形式	活 动 流 程
艺术石膏	支付数枚能量币参与	1.学生排队进行，支付XX能量币后，学生可挑选喜欢的石膏形象进行创作，每个座位均配有一套颜料及画笔（也可挑战“名画”系列，要求更高，耗时更长）。 2.将创作完成的作品拍照留念，在底部写好姓名班级及学号晾干后即可取走（每次最多15名同学同时开始创作）。 3.组织学生进行现场的卫生清洁和物品归还
陶艺拉坯	支付数枚能量币参与	1.现场不断重复播放拉坯教学示范视频，吸引学生观看。 2.负责人强调拉坯体验活动主题和规则等，明确拉坯体验活动的规范操作和安全使用机器的要求，宣布“陶艺拉坯体验活动”正式开始。 3.学生先登记，后排队进行拉坯体验。 4.活动结束后，组织学生清洗干净拉坯机，收拾整理好现场设备。 5.把陶艺设备搬回艺术楼二楼陶艺教室
扇面书画	支付一枚能量币，现场答对题闯关参与	1.学生排队进行，支付一枚能量币后，主持人从美术、音乐、历史中各出一题，3题全对者为通关，可选择一位小书画家现场绘制作品或选择现成作品（也可挑战“专题”，从美术、音乐、历史中任选一科，4题全对者为通关）。 2.每位小书画家提前练习的几首诗或图，让通关者选择，并现场在空白的纸扇上书写/作画

表13.1.3　信息类活动项目

项　目	参与形式	活 动 流 程
重力 四子棋	分组比赛	两个人组队对抗比赛，在一个5米×5米×4米的空间里和对方进行激烈的较量，遏止对方并同时使己方棋子在空间连成一条直线。任一方先将4枚同色的棋子连成一线者获得胜利

续表

项　目	参与形式	活动流程
趣味魔方	分组比赛	比赛分为以下两组。 第一组：3阶魔方比赛。每位选手从纸箱中随机抽取一个魔方，听到“开始”指令后选手开始复原魔方，复原完毕，举手示意评委，按完成时间记录成绩，每轮最长限时3分钟。3分钟内复原者，可获得1枚能量币。 第二组：4阶魔方比赛。本组项目，持有晋级券的同学才有资格参加，每集齐3人，开始一轮比赛。每位选手从纸箱中随机抽取一个魔方，听到“开始”指令后选手开始复原魔方，复原完毕，举手示意评委，按完成时间记录成绩，每轮最长限时5分钟。5分钟内复原者，可获得2枚能量币
光与速度车辆模型	分组比赛	每个参赛的学生有一分钟准备时间调平小车。一分钟内使用工具灯驱使太阳能车通过赛道。整个过程不允许碰到小车。一分钟内小车通过赛道则满分。

表13.1.4　体育类活动项目

项　目	参与形式	活动流程
投壶	支付数枚能量币参与	1.学生排队进行，支付2枚能量币后，在距离铁壶1.5米的线外开始。 2.第一箭投入，计10分（第一箭投入，叫“有初”）。 3.第二箭投入，计5分。 4.第三箭投入，计5分。 5.第四箭投入，计20分（第四箭投入，叫“有终”）。 6.第一箭未入，二、三、四箭皆入，加1分（此情况叫“散箭”）。 7.箭未完全入壶，叫“倚竿”，不计分。 8.箭尾入壶，叫“倒中”，不计分

续表

项　目	参与形式	活 动 流 程
沙包掷准	支付数枚能量币参与	1.学生排队进行，支付XX能量币后，在距离靶盘4米的线外2开始游戏。 2.得分规则：在裁判的监控下，参赛者距离4米左右放一个巨大的计分圆盘，裁判发令后，队员投掷沙包到圆盘上，正中靶心得10分，依次递减，出圆盘区域得零分，占线按高分算；PK方法：每次两名队员参加PK，共5次投掷机会。每名队员手持5个沙包；比赛开始，每名队员依次把沙包投进计分圆盘内；名次评判：投掷结束后，由裁判统计分数，以每人总得分多少评判名次。 3.组织学生进行现场的卫生清洁和物品归还

表13.1.5　心理类活动项目

项　目	参与形式	活 动 流 程
自由搏击	同步比赛：每次场内不超过10人一组。 裁判人数:4人（2人负责发放道具和分组讲解，2人维系秩序和安全）	游戏规则：（一币参与）每个挑战者可以手持一对充气棒，在规定范围内，相互之间攻击和躲避，充气棒破损则离开擂台范围，以及2分钟时间到，本场活动终止。 所需道具：充气棒许多；大雪糕筒4个，警戒带一卷，桌子椅子2套
幸运守擂	同步比赛：6名参赛者（可分三组）。 裁判人数:3人（负责每张桌子的竞赛判罚以及道具回收更换）	游戏规则：（一币参与）2人自由组队参加挑战，面对面站立在桌子两边猜拳，胜方拿充气棒，输方用脸盆防御，接受赢方的敲打。三局两胜制。失败方失去投入的能量币，成功方可赢回自己+对手的共2枚能量币

续表

项　目	参与形式	活 动 流 程
釜底抽薪	同步比赛：可同时容纳10名参赛者。裁判人数:5人（负责竞赛判罚以及道具回收整理）	游戏规则：（一币参与）2人一组，1V1对战PK。参加者轮流每次取出1块积木，而保持其他木块保持不动，直到某位参赛者取下木块时积木倒塌。倒塌则视为对手胜利。失败方失去投入的能量币，成功方可赢回自己+对手的共2枚能量币
面粉大爆炸	同步比赛：每次场内不超过10人一组裁判人数：2人（1人负责道具添加管理，1人维系秩序和安全）	游戏规则：（一币参与）每个挑战者只可以手抓面粉，在活动区域内，相互之间自由挥洒和躲避，注意面粉不可带出本区域外
火线冲击	同步比赛：4人。裁判人数：2人（负责监管比赛过程）	游戏规则：（一币参与）挑战火线冲击，在规定时间内走完全程并完全不触碰火线视为挑战成功，超时或者触碰火线视为失败。20秒内成功可获得2枚能量币，失败和超时则不可拿回投入的能量币
眼光独到	同步比赛：5人。裁判人数：2人（负责道具发放、规则讲解）	游戏规则：（一币参与）三支筷子，一个空啤酒瓶，参赛者站在啤酒瓶的一侧，筷子拿到高于瓶口1米的距离，瞄准瓶口，放掉手中筷子。如果筷子掉进瓶子里，就算成功，每人三次机会，有一次投入视为成功，可拿回投入的1枚能量币，三次成功者可赢取2枚能量币
趣味拼图	同步比赛：3人。裁判人数：2人（负责竞赛判罚以及道具回收更换）	游戏规则：（一币参与）每位参与者随机领取一份拼图，在30秒内还原图片，则视为成功。成功可获得2枚能量币，失败则不可拿回投入的能量币

续表

项　目	参与形式	活 动 流 程
数字华容道	同步比赛：3人。 裁判人数：2人（负责竞赛判罚以及道具回收更换）	寄语：挑战一下你的最强大脑吧，让你的观察力和思维力迈上新台阶。 游戏规则：（一币参与）在3分钟时间内，学生将打乱的数字重新排序好，即为成功。成功可拿回投入的能量币，失败则不可拿回。1分钟内成功者可获得翻倍能量币奖励（2币）
搬运鸡蛋	同步比赛：5人一组，2~4组可同时开始（参与人数10~20人）。 裁判人数：2人（负责判罚以及道具回收更换）	寄语：可爱的鸡蛋们不小心流落在外，小伙伴们快来一起帮助它们，运送它们安全到家吧！ 游戏规则：（一币参与）5人自由组队为一支鸡蛋护卫队，所有人双手背起来，只靠用嘴含住小碗小心地在规定区域路上尽可能多地把鸡蛋运送“回家”，2~4支队伍同时开始，2分钟内平安传送鸡蛋最多的队伍可以获得2枚能量币的奖励，其他队伍不可拿回
惊喜套圈圈（开设1~2个场）	同步比赛：可多人。 裁判人数：6人（每场2人场内收圈，1人起点发圈和讲解规范）	寄语：各位亲爱的T部同学，欢迎你们加入惊喜“T部之夜”狂欢活动，看到眼前这么多丰富的礼物你心动了吗？ 但是你懂的：天下没有白吃的宴席，想要获得礼物就快来加入我们的“惊喜套圈圈”活动吧，快来把这些可爱的礼物套回家吧！ 游戏规则：（两币换5圈） 1.请每位套圈小达人先在裁判处兑换圈圈； 2.开始后在指定区域线外开始套圈； 3.套圈策略不限，可以一圈和多圈出手； 4.很简单！礼物说：“你套中我，我就跟你走”

表13.1.6 以班级或级组为单位的活动项目

项 目	参与形式	活动流程
班级超市	以班级为单位，提供文具、书籍、美食等商品进行交易	1.规划班级摊位，包括摊位位置、摊位布置，销售员与收银员安排等。 2.开展营业销售业务
优秀作业超市	以班级或级组为单位，收集优秀作业、笔记，重新整理装订，进行销售	1.各班收集优秀作业、优秀笔记，将其副本整理、装订。 2.组织开展销售业务。 该活动的目的在于传、帮、带，作业可以同年级之间交易，也可以在不同年级之间交易
益智游戏	组织围棋、象棋、五子棋等游戏	1.布置活动场地，培训组织人员。 2.以PK为主，组织活动，双方支付能量币参与游戏，赢的一方奖励能量币
运动游戏	以乒乓球、羽毛球、跳绳、踢毽子等活动	1.布置活动场地，培训组织人员。 2.以PK为主，组织活动，双方支付能量币参与游戏，赢的一方奖励能量币
休闲活动	设置若干休闲项目	学生自由参与，纯放松休闲类项目，不需要支付任何能量币

（二）知识竞赛

1. 按年级分区

将体育馆场区分为尖端区和高阶区。

- 尖端区以初三学生和初二高阶学生为主。
- 高阶区以初一全体学生和初二其他全部学生为主。

2. 按能力分区

- 尖端区与高阶区分别设置A、B、C区。
- A区注重思维逻辑能力、空间想象能力。
- B区注重运算能力、动手能力。

- C区注重理解记忆、想象力、归纳整理能力。

每个区设置三个环节，分别考察数学、语文、历史、地理、物理、化学等学科的不同知识点。

活动流程如下。

每个区域提前摆好桌椅与试题或任务，等待学生答题。LED屏幕则同时展示每个区的试题，供现场全部学生作答。

设立兑奖区（舞台右侧）和取号准备区（红色凳子区域，由老师随机派发号码，根据主持人随机念尾号凭借号码参赛）。原则上通过尖端区后才能进入高阶区，高阶区达到指定分数后根据得分区间获取相应的能量币。

知识竞赛区场地规划如图13.1.4所示。

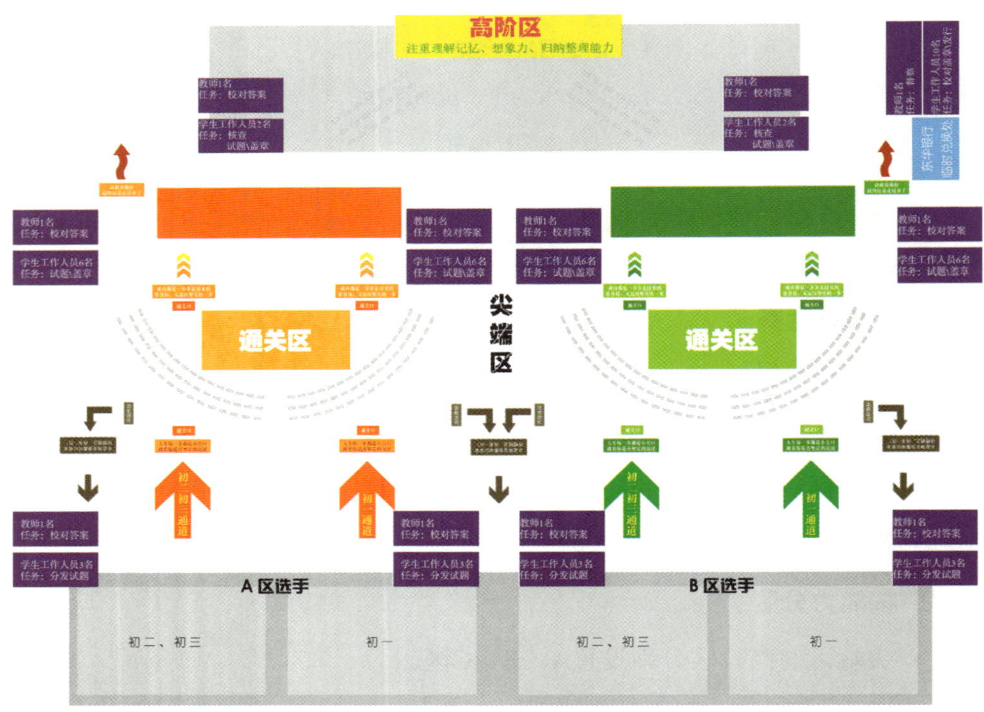

图13.1.4 知识竞赛区场地规划

3. 分工协调

（1）题目收集，每个学科收集题目，以选择题为主，要有答案，答案安排在题目下面。

（2）制作可用手机扫描的答题卡并组织培训（分A、B、C、D四组答题卡）。

（3）制作积分通过卡。

（4）制作取号纸。

（5）根据题目用统一的PPT模板制作高阶区PPT和尖端区的PPT。

（6）取号区的号码纸派发与纪律组织。

（7）尖端区工作人员，负责桌椅摆放设计与扫码。

（8）高阶区工作人员，负责桌椅摆放设计与扫码。

（9）兑奖区工作人员，负责核对分数与发放能量币。

四、活动策划实施团队

此项活动涉及学生较多，需要全员参与。活动环节策划由音乐学科、美术学科、信息学科、心理学科、体育学科、级组团队、团委学生会共同策划，共同实施。

涉及的工作主要包括场地布置、宣传工作、物品筹备、工作人员、安全保障、摄影录像、交易数据统计分析。

第二节　编程班最强大脑活动

一、活动意义

为了鼓舞和激励学习编程的孩子的学习兴趣和动力，我们开发了最强大脑活动，通过竞技的形式，以团队作战或个人单兵作战的方式，给孩子搭建一个展示自我的舞台。

二、活动流程

（1）编程班基本情况介绍、信息学奥赛情况介绍。

（2）初一、初二年级编程班风采视频展示。

（3）知识竞赛环节。

（4）往届优秀学长的勉励视频展示。

（5）颁发知识竞赛的奖励。

（6）学校领导现场讲话。

三、场地布置

（一）阶梯教室LED屏幕

东华初级中学特色活动——《最强大脑》。

（二）设备

准备教师笔记本一台，用于当天演示，参与活动的各班准备笔记本电脑一台。

教师笔记本需要双显示器，支持将其中一台显示器画面投屏到LED屏幕，用于呈现比赛现场的试题，供现场的同学作答。

现场摄像机支持将画面实时投放到LED，便于呈现各个班级学生在笔记本上作答的画面，供现场的观众观看。

（三）无线麦克风四支

用于现场互动环节学生抢答题目时使用，安排四名学生工作人员传递。

（四）移动黑板两块

一块黑板用于抢答现场试题的同学登台答题，另外一块用于记录现场答题同学的积分，便于现场表彰激励。

（五）各班一块答题小黑板

用于现场答题时，以班级为单位书写答案，呈现答案给评判老师和现场的全体学生。

四、试题设置

作为一个舞台展示的活动，为了保证其现场的气氛和效果，题目设置时要注意兼顾以下几种情况，如图 13.2.1 ~ 图 13.2.5 所示。

（1）要兼顾趣味性。

（2）结合现实生活场景。

（3）有教育意义。

（4）有知识普及意义。

（5）难易递进。

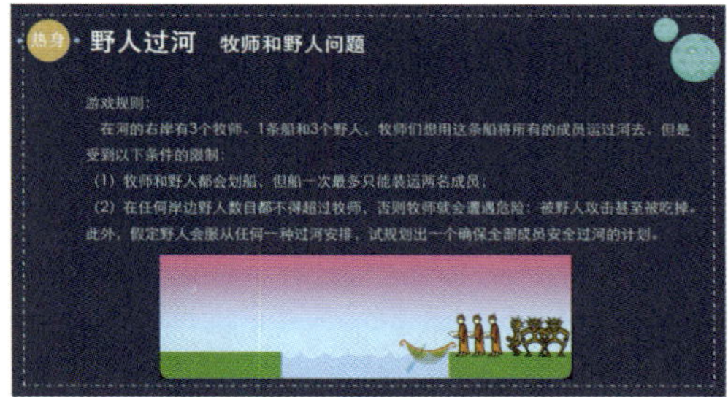

图13.2.1 野人过河游戏

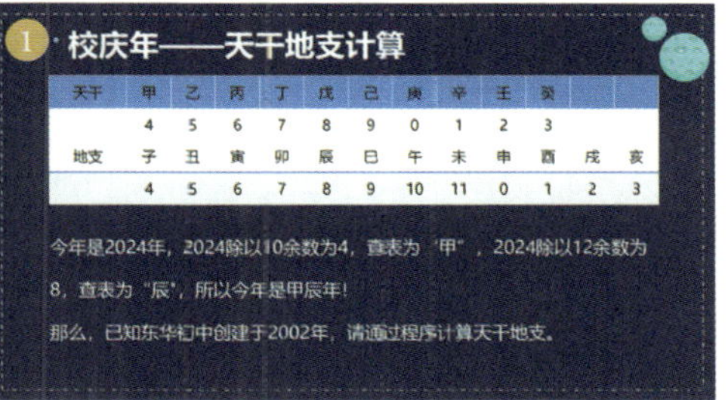

图13.2.2 计算学校创建年份的天干地支

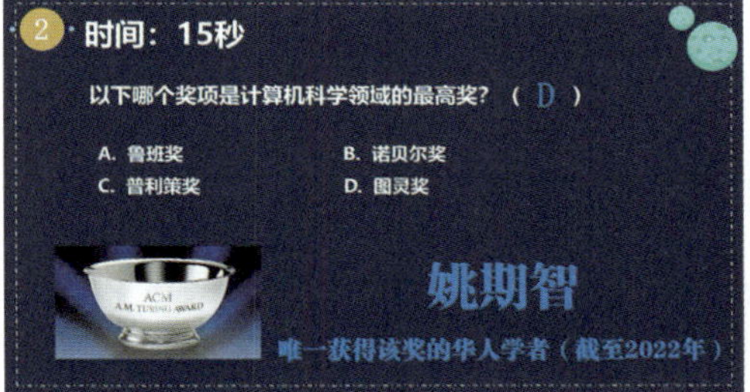

图13.2.3 介绍姚期智的励志和爱国故事

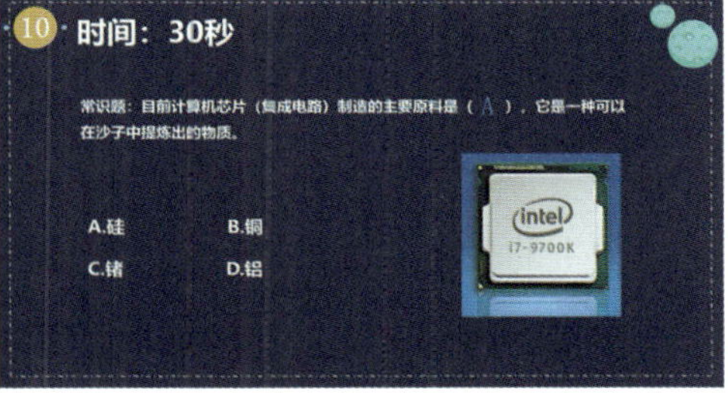

图13.2.4 介绍CPU的制造过程并激励学生

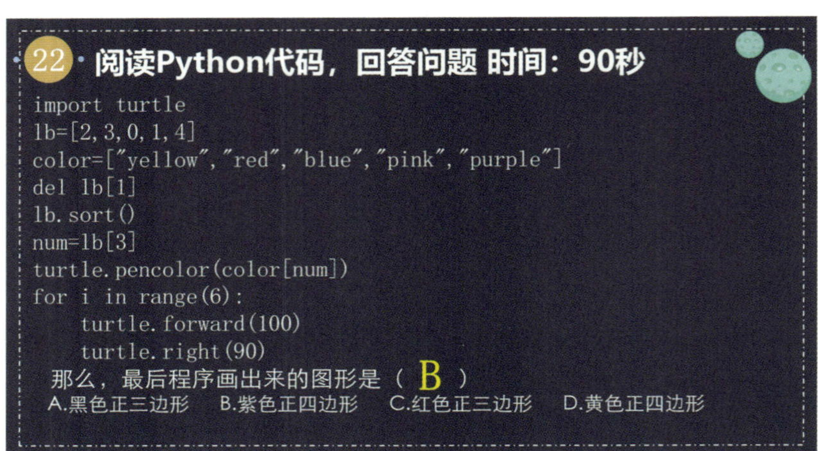

图13.2.5 阅读Python代码作答

第三节 线上线下相结合的主题成长活动

一、形式创新

借助信息化技术，可以将活动线上与线下相结合，不受时空或场地的限制，可以有效地进行落实。借助信息化技术实施的主题成长活动，能够实现可跟踪、可记录的效果，相较以往活动有较大的创新性。

二、纳入评价体系

将线下组织的活动呈现到线上，即可实现对活动参与的评价，将其评价纳入学生的评价体系中。

如我们策划了“T 部成长象征物——成长树与荣誉勋章征稿活动”，学生将线下绘制的成长树和荣誉勋章拍照上传到平台，即可完成活动参与，如图 13.3.1~13.3.5 所示。

图13.3.1 线上主题成长活动

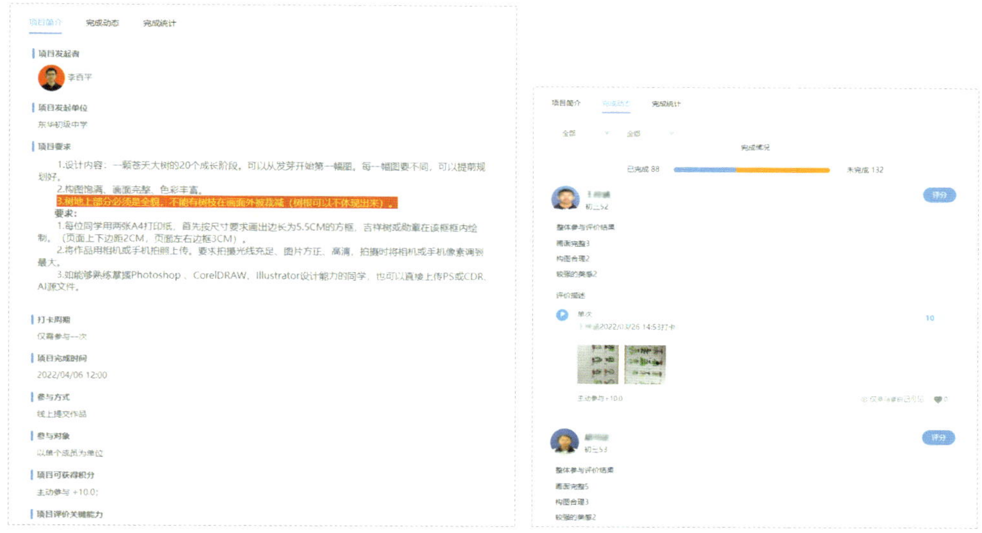

图13.3.2 活动要求

图13.3.3 学生参与情况

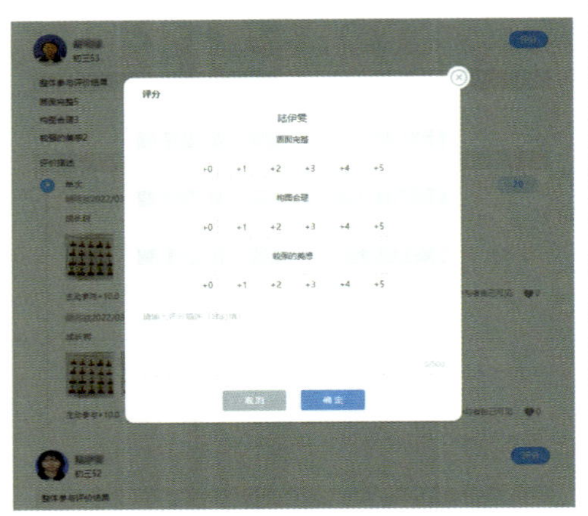

图13.3.4 对参与情况评价

图13.3.5 学生参与情况积分

三、主题序列化

借助线上主题成长活动，可以将周末微德育迁移到线上进行，可有效落实对学生的多元评价，过程性成长评价跟踪。根据 T 部规划，目前已对线上主题成长活动进行了序列化规划。

如以传统节日清明节、中秋节、教师节为主的序列主题成长活动；以活动为主的成长象征物、走进春天摄影赛；以数学思维赛为主题的“星耀杯”思维大赛等，如图 13.3.6 所示。

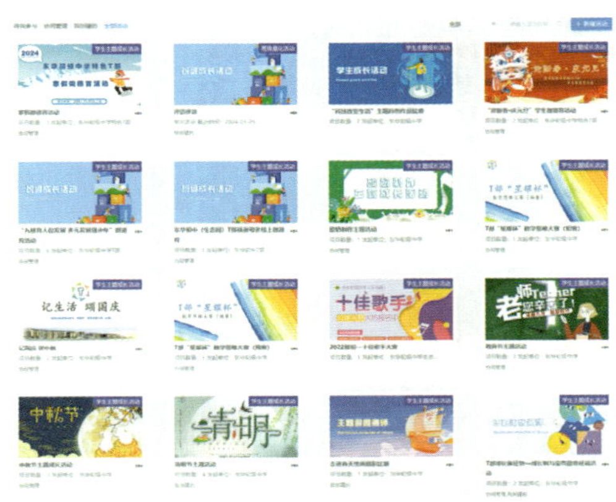

图13.3.6 序列化主题成长活动

参考文献

[1]徐和祥．数字化综合素质评价档案 陪伴学生健康成长——上海市普通高中学生综合素质评价信息管理系统 [J]. 教育传播与技术，2015(B12):40-41.

[2]韦艳肖， 刘根蜀．培养学生财经素养的实践探讨 [J]. 质量与市场，2021(17):22-24.

[3]刘晶晶.PISA2022 财经素养分析与测评框架： 分析与启示 [J]. 广东第二师范学院学报，2021，41(04):80-87.

[4]苗世彩.设置问题链 以问导思——初中数学问题链教学实践[J].考试周刊,2023(43): 122-125.

[5]黄晶． 以陶行知“三力”理论 促科学多元评价实效——基于 STEAM 教育理论框架下的科学课堂评价体系研究 [J]. 考试周刊，2020(14):1-2.

[6]王玉峰． 基于 STEM 教育理念的创客教育多元评价系统研究 [D]. 银川：宁夏大学，2018.

[7]蒋明思． 数字化班级管理创新策略研究 [J]. 教学与管理，2021(24):71-73.

[8]王继朝， 田金花． 初中班主任管理数字化办法初探 [J]. 吉林教育，2014(34):1.

[9]许丹， 韩爽， 徐爽.Faculty Opinions 不同评价条件下论文多元评价指标差异性及相关性分析 [J]. 中国科技期刊研究，2022，33(02):246-259.

[10]林芝强．浅谈校园文化活动的育人功能 [J]. 课程教育研究：学法教法研究，2018(36):20.

[11]彭彩．校园文化活动的育人功能及对学生管理工作的启示 [J]. 西部素质教育，2017，3(02):93.

[12]郝雪， 王桂林，徐晓曼． 校园文化活动整合与育人功能发挥 [J]. 产业与科技论坛，2011，10(07):189-190.

[13]范春芳． 民办初中校园文化建设探索 [D]. 上海：上海师范大学，2006.

[14]杜尚荣． 数字化时代中小学德育方法创新策略研究 [J]. 教育探索，2016(02):95-98.

[15]陈熹． 学校德育的数字化管理 [J]. 广东教育（综合版），2017(02):54-55.

附　录

第四篇实践案例是学校 T 部团队共同实践的成果，他们贡献了大量劳动和智慧，相关课题的主持人与论文作者如下。

课　题

1.《基于MIT理论的初中数字化多元评价体系的建设与研究》/ P216

主持人：东莞市东华初级中学　李百平

2.《KSCM 理念下财经素养与德育融合的行动研究》/ P223

主持人：东莞市东华初级中学　肖汉婷

论　文

1.《巧用数字化，为班级管理赋能奠基》/ P231

作者：东莞市东华初级中学　肖汉婷

2.《班级数字化管理与多元评价研究》/ P239

作者：东莞市东华初级中学　刘鑫

3.《依托多元化德育活动 创设数字化育人模式》/ P249

作者：东莞市东华初级中学 王宇飞

后　记

2017 年至 2024 年，历经 7 年时间的探索实践，耗时 15 个月的梳理沉淀，本书终于完稿。

学校数字化转型，从前期的政策、资金、观念、技术，到后期的研究方向、场景、制度、生态，每一项都是我们在探索过程中面临的挑战，每一项都对传统的教育模式、管理模式、评价模式产生一定程度的改变，这些改变都成为我们今天研究的新课题。

数字化转型推行过程中，我深刻地感受到顶层设计的重要性。沈传标校长开辟 T 部创新实验区，给予“管理特区化、德育特色化、课程个性化”的定位，为数字化转型探索提供了重要的土壤。

专业化团队是推行数字化的必要保障。T 部管理团队、数字中心团队和全体教师目标一致，将数字化管理确立为团队重要的探索方向，培养出了一批专业化较强的管理团队和骨干教师，他们就像火种，在教师间传播。

技术团队是数字化推行的有力支撑。我们在数字化推进过程中，北京知慧教育科技有限公司张福、邢智明、李欢等为我们提供了强有力的技术支持。

数字化时代，新技术、新理念时刻都在更新，我们要始终保持对新鲜事物的好奇心，不断更新自我，与时代保持同频！

编著者

2024 年 10 月 11 日于东莞